NIÑOS MARAVILLOSOS

CÓMO **GUIAR** A LOS NIÑOS
HACIA **LA VIDA** EN **CRISTO**

Imagen de la pág. 35 (niñas jugando fútbol) diseñada por Freepik.es, www.freepik.es

ISBN: 979-8-3845-2544-8
Ítem 005851742

Número de clasificación decimal Dewey: 259.22
Clasificación: TRABAJO MINISTERIAL CON NIÑOS/ EDUCACIÓN CRISTIANA/EDUCACIÓN RELIGIOSA

Impreso en China

Publicaciones del Ministerio Infantil
Lifeway Recursos
200 Powell Place, Suite 100
Brentwood, TN 37027-7707

Creemos que la Biblia tiene a Dios por autor, la salvación como su fin y la verdad inerrante como fundamento, y que toda la Escritura es totalmente verdadera y digna de confianza. Para consultar las directrices doctrinales de Lifeway, visita lifeway.com/doctrina.

Agradecimientos:
Katy Bradley, Alyssa Jones, Jessica Shippen

Mensaje del editor:

MARIA LATHAM PHOTOGRAPHY

Esta edición revisada de Niños maravillosos es aun más emocionante porque contiene novedades interesantes y sigue siendo aplicable tanto en el hogar como en la iglesia. A medida que mis hijos han crecido, he recurrido a este libro en diferentes momentos de su desarrollo. Aunque aprecio tanto a los niños de segundo grado de mi grupo de escuela dominical, mis propios hijos son mi principal enfoque en el ministerio. Al pensar en cómo este libro presenta los momentos clave en el desarrollo de los niños, me doy cuenta de lo diferentes que son. Mis propios hijos son un ejemplo perfecto. **REED** es atlético y extremadamente inteligente. **NASH** es compasivo y tiene un profundo deseo de complacer a sus maestros. **WILL** es despreocupado y adorable. **TUCK** es el hermano menor, pero está seguro de que puede hacer todo lo que sus hermanos mayores hacen. Aunque cada uno de mis hijos es único en su personalidad, creo que todos tienen un conjunto de necesidades que deben satisfacerse a medida que se convierten en hombres espiritualmente sólidos. Este libro contiene la información que necesitas para ser consciente de esas necesidades y cómo puedes satisfacerlas mejor en tu hogar o iglesia.

Jeff Land,
Editor contribuyente

CONTENIDO

LOS PRE-ESCOLARES: CARACTERÍSTICAS

Los niños en edad preescolar aprenden, crecen y se desarrollan de manera diferente. La siguiente información contiene ejemplos sobre lo que un preescolar puede hacer en cada edad y etapa.

Bebés

FÍSICAS

- Utilizan muchos reflejos complejos.
- Comienzan a buscar y agarrar objetos.
- Sostienen la cabeza.
- Se sientan sin apoyo.
- Se voltean, gatean.
- Buscan juguetes que caen al piso.

MENTALES

- Utilizan los sentidos para aprender.
- Lloran para expresar dolor o angustia.
- Reconocen a sus cuidadores principales.
- Utilizan la comunicación vocal y no vocal.
- Reaccionan de manera diferente ante lo familiar y lo desconocido.
- Reconocen su nombre y reaccionan cuando se los llama.

SOCIOEMOCIONALES

- Sonríen a las demás personas.
- Muestran atención cuando se les habla.
- Empiezan a interactuar socialmente.
- Guardan silencio en lugares nuevos.
- Mantienen contacto visual.
- Muestran interés por otros niños.

ESPIRITUALES

- Confían al ver que sus necesidades se satisfacen.
- Perciben el amor en actitudes y expresiones.
- Asocian el nombre de Dios con amor y confianza.
- Comprenden la importancia de Jesús y la Biblia.
- Reconocen la Biblia e ilustraciones sencillas de Jesús.

Un año

MENTALES

- Recuerdan cosas sencillas.
- Empiezan a agrupar objetos afines.
- Utilizan el ensayo y error para aprender.
- Pueden nombrar partes del cuerpo.
- Comprenden y usan palabras para objetos.
- Intentan hacerse entender.

SOCIOEMOCIONALES

- Experimentan ansiedad ante los extraños.
- Participan en juegos sencillos.
- Pueden turnarse para una actividad.
- Les gusta ejercer control.
- Reconocen las emociones de los demás.
- Imitan acciones del hogar.

FÍSICAS

- Se sientan bien en la silla.
- Pueden trepar.
- Les gusta explorar.
- Dibujan en papel con marcadores.
- Llevan objetos de un lugar a otro.
- Se mueven constantemente.

ESPIRITUALES

- Empiezan a tomar decisiones sencillas.
- Desarrollan más confianza en los adultos.
- Comienzan a distinguir entre comportamientos aceptables e inaceptables.
- Reconocen ilustraciones sencillas de Jesús.

Dos años

MENTALES

- Utilizan de 5 a 300 palabras.
- Comienzan a crear oraciones.
- Se reconocen por su género.
- Siguen direcciones sencillas en orden.
- Emparejan, comparan, agrupan y ordenan objetos.
- Les gusta la repetición.
- Empiezan a utilizar números.
- Repiten canciones.
- Saben los colores.

SOCIOEMOCIONALES

- Muestran interés en la familia.
- Intentan ayudar.
- Inician juegos con sus compañeros.
- Muestran amor y afecto.
- Responden a los estados de ánimo de los demás.
- Utilizan la imaginación.
- Afirman su autonomía.

ESPIRITUALES

- Cantan canciones sencillas sobre Dios y Jesús.
- Dan gracias a Dios.
- Escuchan historias de la Biblia.

FÍSICAS

- Desarrollan la preferencia por la mano derecha o la izquierda.
- Se paran en un pie y mantienen el equilibrio.
- Saltan de puntillas.
- Caminan entre líneas paralelas.
- Tienen mayor coordinación en la motricidad gruesa.
- Les resulta difícil no estar activos.
- Brindan ayuda al cambiar su ropa.

Tres años

MENTALES

- Utilizan de 300 a 1000 palabras.
- Aprenden canciones cortas.
- Muestran creatividad e imaginación.
- Experimentan miedos y malos sueños.
- Comienzan a decir frases completas.
- Hacen una cosa a la vez.
- Quieren saber qué son las cosas y cómo funcionan.

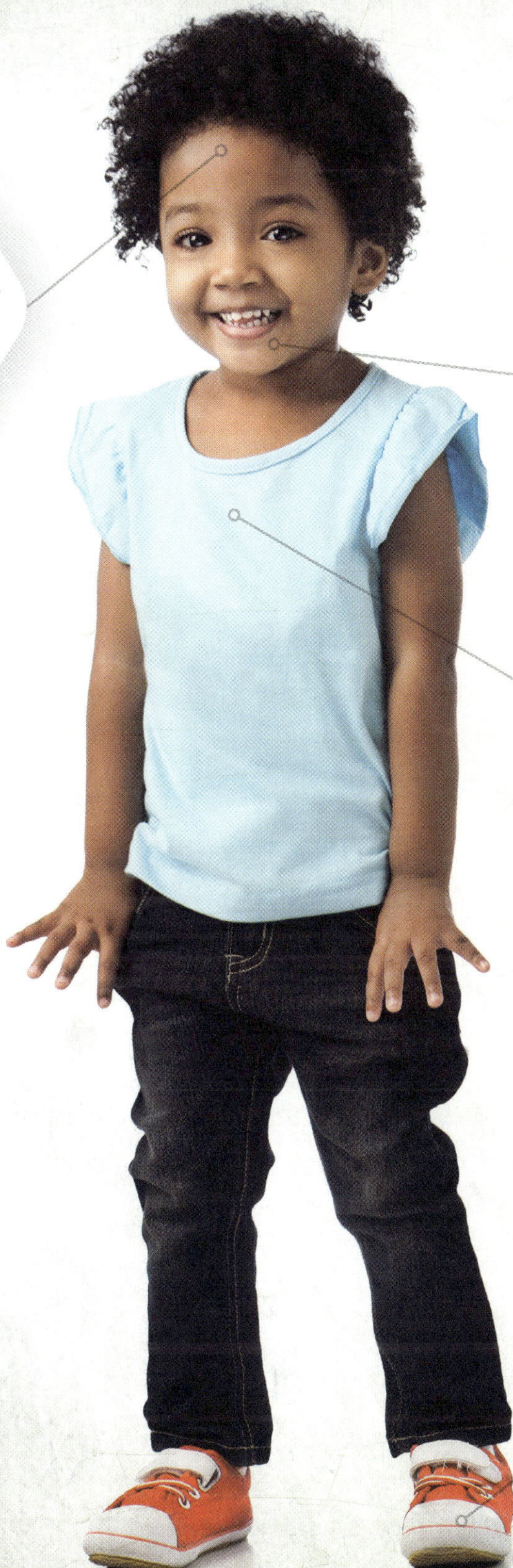

SOCIOEMOCIONALES

- Intentan agradar a los adultos; son más complacientes.
- Muestran cierto autocontrol, pero hacen berrinches cuando están enojados.
- Pueden turnarse más fácilmente.
- Les gusta escucharse hablar.
- Responden a la guía verbal y les gusta la motivación.
- Juegan cooperativamente con otros.
- Tienen amigos imaginarios.

ESPIRITUALES

- Identifican algunos personajes e historias de la Biblia.
- Reconocen la Biblia como un libro especial; les gusta sostenerla y utilizarla.
- Disfrutan al cantar sobre la Biblia, la familia, la naturaleza y los amigos en la iglesia.
- Comprenden que Dios, Jesús y la iglesia son especiales.
- Empiezan a desarrollar la conciencia y a sentir vergüenza y culpa

FÍSICAS

- Utilizan los músculos grandes.
- Empiezan a vestirse casi sin ayuda.
- Muestran algunas habilidades motoras finas.
- Notan las diferencias entre niños y niñas.
- No les gusta la hora de la siesta y tienen dificultades para dormir durante este tiempo.

Cuatro años

SOCIOEMOCIONALES

- Confían totalmente en sus habilidades.
- Son mandones; muestran gran independencia.
- Chismean con frecuencia.
- Pueden jugar en equipos y saben turnarse.
- Les gusta ayudar si ellos lo proponen.
- Reaccionan ante la razón, el humor y la firmeza.
- Son participativos al jugar con otros niños.

MENTALES

- Utilizan de 500 a 2000 palabras.
- Pueden recordar nombres y direcciones.
- Tienen mayor capacidad de atención.
- Pueden hacer dos cosas a la vez.
- Tienen mucha imaginación; no distinguen entre realidad y fantasía.
- Muestran curiosidad por el ciclo de vida.
- Entienden mejor los conceptos de tiempo.
- Les gusta hacerse los graciosos.
- Utilizan muchas palabras sin conocer sus significados.

FÍSICAS

- Muestran buena coordinación de los músculos grandes.
- Tienen un cuerpo más largo y esbelto.
- Desarrollan habilidades motoras finas para pintar, dibujar y cortar con tijeras.
- Caminan hacia atrás.
- Necesitan un alto nivel de actividad física.
- Muestran lateralidad derecha o izquierda.
- Les gusta construir con piezas que se pueden ensamblar.

ESPIRITUALES

- Les gusta relatar de nuevo historias bíblicas.
- Disfrutan los juegos con versículos bíblicos.
- Reconocen que Dios y Jesús aman y ayudan a las personas de manera especial.
- Aceptan la responsabilidad de ayudar a los demás.
- Son más conscientes del entorno.
- Expresan amor por Dios y Jesús.
- Demuestran preocupación por los demás.
- Pueden cantar canciones sobre Jesús.

Cinco años

MENTALES

- Escriben su nombre, aunque no muy claro.
- Nombran la mayoría de las letras mayúsculas.
- Utilizan un vocabulario de 2000 palabras.
- Dicen los números del 1 al 20.
- Distinguen la mañana de la tarde.
- Se enfrentan a nuevos desafíos.
- Tratan de explicar el porqué y el cómo.
- Comienzan a reconocer palabras básicas al leer.
- Les gusta clasificar, secuenciar y ordenar.

SOCIOEMOCIONALES

- Trabajan bien en grupos pequeños.
- Apaciguan a amigos que están molestos.
- Tienen mejores amigos, pero cambian de amigos con frecuencia.
- Suelen ser propensos a la autocrítica y la culpa.
- Pueden seguir expresando miedos.
- Les agrada imitar a los adultos.
- Empiezan a distinguir la verdad y la mentira.
- Les entusiasma la competición.
- Pueden aceptar responsabilidades.

FÍSICAS

- Saltan bien; brincan en línea recta.
- Cortan bien con tijeras.
- Muestran con claridad su tendencia a ser diestros o zurdos.
- Empiezan a salir los dientes permanentes.
- Tienen buena coordinación mano-ojo.
- Se visten sin ayuda.
- Controlan sus músculos grandes.
- Empiezan a preferir ciertos alimentos.

ESPIRITUALES

- Recuerdan y les agrada relatar historias bíblicas.
- Usan la Biblia y les gusta encontrar frases y versículos bíblicos.
- Disfrutan cuidar el mundo de Dios.
- Empiezan a hacer preguntas sobre Dios.
- Pueden aplicar versículos bíblicos a la vida cotidiana.
- Siguen desarrollando la conciencia.

LOS NIÑOS MENORES
CARACTERÍSTICAS

Los niños menores están descubriendo su lugar en el mundo, así que empiezan a asumir responsabilidades y a enfrentar desafíos. Es importante recordar que, aunque determinadas características son comunes para ciertas edades, cada niño crece y se desarrolla a su propio ritmo.

Seis años

MENTALES

- Les gusta trabajar.
- Dan una explicación sobre algo; las actividades tipo «Muestra y explica» son efectivas.
- Disfrutan de los chistes y los juegos de adivinanzas.
- Les encanta hacer preguntas.
- Se interesan por los juegos y las ideas nuevas.
- Se divierten al colorear y pintar.
- Aprenden mejor a través del descubrimiento.
- Disfrutan más el proceso que el producto.
- A veces intentan más de lo que pueden lograr (piden más comida de la que pueden comer).
- Reconocen que los símbolos representativos son importantes.
- Comienzan a entender el pasado cuando está cercano al presente.
- Les interesa desarrollar habilidades y técnicas.

ESPIRITUALES

- Ven a Jesús como un amigo y colaborador.
- Disfrutan de la oración.
- Les gusta aprender de la Biblia.
- Conocen muchas historias básicas de la Biblia.
- Pueden hacer conclusiones sobre Dios.
- Entienden qué es la verdad y la honestidad, y distinguen entre el bien y el mal, aunque no siempre lo apliquen a sus propias vidas.
- Comienzan a distinguir entre fantasía y realidad.
- Tienen un entendimiento básico sobre el pecado.
- Entienden de forma elemental el mensaje del evangelio.
- Son susceptibles a la influencia debido a su deseo de satisfacer a los adultos.
- Conocen las respuestas correctas, pero a veces no entienden su aplicación.

SOCIOEMOCIONALES

- Quieren ser los primeros.
- Son competitivos y entusiastas.
- A veces no saben perder o son deshonestos; inventan reglas.
- Están ansiosos por hacerlo bien.
- Encuentran difícil cualquier cosa en la que fracasen; se animan con aliento y apoyo.
- Pueden ser mandones, burlones y críticos con los demás.
- Se molestan fácil cuando se sienten heridos.
- Consideran que los amigos son importantes (pueden tener un mejor amigo).
- Se quejan con frecuencia.

FÍSICAS

- Son descuidados; tienen prisa; les gusta la velocidad.
- Son ruidosos en el aula.
- Están aprendiendo a distinguir la izquierda de la derecha.
- Tienen dificultades con las habilidades motoras finas.
- Se cansan con facilidad.
- Se enferman con frecuencia.
- Disfrutan al aire libre y en el gimnasio.

Siete años

ESPIRITUALES

- Ordenan de forma cronológica las narraciones bíblicas.
- Entienden la relación entre el Antiguo y el Nuevo Testamento.
- Muestran interés en saber más sobre Dios y Jesús.
- Comprenden que Jesús es el Hijo de Dios y lo que eso significa.
- Pueden preguntar por qué Dios permitió que Jesús muriera por los pecados de los demás.
- Reconocen las consecuencias de sus pecados.
- Se dan cuenta de que Dios perdona cuando se le pide.
- Entienden que las personas se convierten en cristianos al aceptar a Jesús como Salvador y Señor.

FÍSICAS

- Trabajan con más orden y limpieza.
- A veces están tensos.
- Les gustan los espacios reducidos.
- Experimentan más heridas, reales e imaginarias.
- Mejoran las habilidades motoras finas.
- Usan el agarre de pinza y la punta del lápiz.

MENTALES

- Tienen buen ánimo para trabajar.
- Se interesan por todo tipo de códigos.
- Les gusta repasar lo aprendido.
- Sienten la necesidad de completar las tareas y los trabajos.
- Prefieren trabajar despacio y solos.
- Disfrutan cuando alguien lee para ellos.
- Tienen una creciente capacidad de reflexión.
- Borran mucho, quieren que su trabajo sea perfecto.
- Les gusta repetir tareas.
- Disfrutan los juegos de mesa.
- Quieren descubrir cómo funcionan las cosas; les interesa desarmarlas.

SOCIOEMOCIONALES

- No les gusta cometer errores ni arriesgarse a cometerlos.
- A veces están de mal humor, tristes, enfurruñados o muestran timidez.
- Necesitan seguridad y estructura.
- Dependen del maestro para obtener ayuda.
- Son sensibles a los sentimientos de los demás.
- Son conscientes y serios.
- Necesitan refuerzo constante.
- Tienen preferencias y aversiones fuertes.
- Son buenos oyentes y hablan con precisión.
- Les gusta enviar notas.

Ocho años

MENTALES

- Les gusta experimentar y descubrir cómo están hechas las cosas.
- Se diferencian de sus compañeros en cuanto a habilidades de lectura.
- Valoran el dinero.
- Quieren aprender.

SOCIOEMOCIONALES

- Prefieren a sus compañeros del mismo sexo; no les agrada el sexo opuesto.
- Desean caer bien y ser queridos por sus compañeros y adultos.
- Los niños gritan; las niñas ríen y susurran.
- Idealizan a sus héroes.
- Se sienten bien al trabajar con otros.

ESPIRITUALES

- Hacen preguntas serias sobre la religión.
- Están desarrollando valores.
- Pueden ser veraces y honestos.
- A menudo tienen dificultades para tomar decisiones.

FÍSICAS

- Tienen buena coordinación mano-ojo.
- A veces se exceden en las actividades físicas y les resulta difícil calmarse.

LOS NIÑOS MAYORES

CARACTERÍSTICAS

Los niños mayores están entrando de forma rápida en la pubertad y tienen habilidades lingüísticas y de pensamiento bastante desarrolladas. En cuanto a las características espirituales, es importante recordar que algunos de ellos no han recibido una educación espiritual básica.

Nueve años

B 1 2 3 4 5 6 7 8 9 10 11 12

MENTALES

- Su capacidad de atención es cada vez mayor.
- Pueden participar en experiencias que tratan sobre los sentimientos y el pensamiento.
- Aceptan críticas formuladas con cuidado.
- Comienzan a pensar de manera abstracta.

ESPIRITUALES

- Con frecuencia empiezan a sentir la necesidad de un Salvador.
- Están tomando conciencia de sí mismos y del pecado.
- Quieren hacer las cosas de la manera correcta y pueden sentir vergüenza cuando se equivocan.
- Piensan en términos de lo correcto y lo incorrecto más que en términos de bien y mal.

SOCIOEMOCIONALES

- Necesitan desahogarse y a veces lo hacen con otros compañeros.
- Están interesados en su comunidad y país.
- Empiezan a sentir que el grupo es tan importante como uno mismo.
- Son grandes conversadores y necesitan que se les permita hacerlo.
- Cambian de humor rápidamente.

FÍSICAS

- Les gusta dibujar y hacer bocetos.
- Están creciendo de manera lenta y constante; tienen buen control muscular.
- El desarrollo físico de las niñas por lo general es más rápido que el de los niños.

Diez años

ESPIRITUALES

- Están desarrollando conceptos de amor y confianza.
- Adquieren mayor responsabilidad por sus decisiones y un sistema de valores.

FÍSICAS

- Les gusta emplear su gran energía y sus habilidades físicas.

MENTALES

- Siguen pensando de manera abstracta.
- Son imaginativos, creativos y curiosos.
- Han desarrollado habilidades básicas de lectura y escritura.
- Expresan bien sus ideas; entienden causa y efecto, pueden resolver problemas y planificar.

SOCIOEMOCIONALES

- Se motivan más por sus propios intereses y piensan por sí mismos, usando sus propias experiencias.
- Pueden desempeñarse cómodamente dentro de un grupo.
- Les gusta la aceptación y el estímulo; se desaniman con facilidad.

Once años

MENTALES

- Hacen razonamientos profundos.
- Aceptan el éxito y el fracaso.
- Pueden concentrarse cuando están interesados.
- Piensan con rapidez y memorizan con facilidad.

ESPIRITUALES

- Han formado conceptos de su valor propio.
- Están listos para respuestas y guía espiritual.
- Pueden tomar muchas decisiones, pero no cumplir los compromisos a largo plazo.

FÍSICAS

- Tienen buena coordinación y habilidades musculares.

SOCIO-EMOCIONALES

- Aceptan las reglas, la organización, las responsabilidades y los roles de líder-seguidor.
- Les gusta ganar y mejorar sus logros.
- Reconocen y aprecian las diferencias individuales.

Doce años

ESPIRITUALES

- Sienten de manera profunda sus propias experiencias; pueden ser sensibles hacia los demás.
- Comienzan a adoptar un sistema personal de creencias religiosas.

MENTALES

- Distinguen bien entre realidad y ficción.
- Son capaces de aceptar y trabajar para lograr metas a corto plazo.
- Disciernen la relación entre el tiempo y el espacio.

SOCIOEMOCIONALES

- Son conscientes de los roles de género; tienen actitudes variables hacia el sexo opuesto.
- Tienen una profunda necesidad de compañerismo y aprobación de sus pares.
- Están listos para responsabilidades y oportunidades de autodirección.
- Son susceptibles a influencias emocionales y pueden manejar ciertos sentimientos.

FÍSICAS

- Están acercándose a la pubertad; las niñas, por lo general, se desarrollan antes que los niños.

NIVELES DE APRENDIZAJE BÍBLICO

Niveles de aprendizaje bíblico® abarca diez áreas conceptuales bíblicas que los niños pueden aprender al estudiar la Palabra de Dios. Estas áreas se presentan en seis rangos de edad distintos, desde la primera infancia hasta la preadolescencia, y reflejan niveles de comprensión que siguen el diseño de aprendizaje que Dios ha establecido para los niños.

Dios

PREESCOLAR INICIAL

- Dios es bueno.
- Dios me hizo.
- Dios me ama.
- Dios me escucha.
- Dios me ayuda.
- Dios ama a las personas.

PREESCOLAR INTERMEDIO

- Dios es bueno conmigo.
- Dios hizo todo.
- Dios ama a las personas y está con ellas.
- Dios me escucha cuando oro.
- Dios ayuda a las personas.
- Dios muestra Su amor hacia mí.
- Dios me ama incluso cuando tomo decisiones incorrectas.
- Dios me pide que cante y ore a Él.
- Dios me indica que haga lo que Él dice.
- Dios puede hacer cualquier cosa.
- Dios cumple lo que dice que hará.
- Dios sabe todo sobre mí.
- Dios es real.

PREESCOLAR MEDIO

- Dios es bueno con todos.
- Dios creó todo.
- Dios siempre está con las personas.
- Dios escucha las oraciones de las personas.
- Dios ayuda y provee para las personas.
- Dios muestra Su amor a las personas.
- Dios ama a las personas incluso cuando toman decisiones incorrectas.
- Dios pide a las personas que lo adoren.
- Dios indica a las personas que lo obedezcan.
- Dios puede hacer todas las cosas.
- Dios siempre cumple Sus promesas.
- Dios sabe todo.
- Dios es real y verdadero.

NIÑOS MENORES

- Dios es perfecto.
- Dios es Creador y digno de ser alabado.
- Dios está en todas partes.
- Dios escucha y responde a las oraciones.
- Dios ayuda y provee para Su pueblo.
- Dios muestra amor a Su pueblo.
- Dios ama a las personas lo suficiente como para perdonar sus malas decisiones.
- Dios pide a las personas que lo adoren y cuenten a otros sobre Él.
- Dios espera que las personas lo obedezcan, respeten y honren.
- Dios es poderoso y controla todas las cosas.
- Dios es justo y confiable.
- Dios lo sabe todo.
- Dios es real, el único Dios verdadero.
- Dios es Padre, Hijo y Espíritu Santo.

NIÑOS MAYORES

- Dios es santo.
- Dios es Creador y digno de ser alabado.
- Dios está en todas partes y en todo momento.
- Dios sabe lo que las personas necesitan y desean, pero aun así espera que oren.
- Dios se preocupa y cuida a todas las personas.
- Dios ama y valora a las personas de todo el mundo.
- Dios demostró Su amor incondicional por las personas al enviar a Jesús.
- Dios es digno de adoración.
- Dios merece respeto, obediencia y honor.
- Dios es Todopoderoso y controla todas las cosas.
- Dios es fiel y justo.
- Dios lo sabe todo.
- Dios siempre ha sido y siempre será.
- Dios es Dios Padre, Dios Hijo y Dios Espíritu Santo (la Trinidad).

PREADOLESCENTES

- Dios es santo y perfecto.
- Dios, el Creador, debe ser adorado, no Sus creaciones.
- Dios es omnipresente: está en todas partes y en todo momento.
- Dios escucha las oraciones de las personas y se comunica con ellas.
- Dios se preocupa por todas las personas y las cuida, sin importar su estatus, raza o etnia.
- Dios ama y valora a las personas de todo estatus, raza y etnia en el mundo.
- Dios demostró Su amor incondicional por las personas a través del sacrificio de Jesús, el Cristo.
- Dios espera que las personas lo adoren con todo su corazón, alma, mente y fuerzas.
- Dios merece respeto, obediencia y honor; Él quiere que vivamos para Su gloria.

Jesús

PREESCOLAR MENORES

- Jesús nació.
- Dios eligió una familia para Jesús.
- Jesús creció como yo.
- Jesús aprendió sobre Dios.
- Jesús les habló a las personas sobre Dios.
- Jesús ayudó a las personas porque las amaba.
- Jesús me ama.
- Jesús hizo todo lo que Dios le dijo.
- Jesús está vivo.

PREESCOLAR INTERMEDIOS

- Dios envió a Jesús a la tierra.
- Los ángeles le dijeron a María y José que Jesús nacería.
- Jesús creció como yo y tuvo una familia.
- Jesús aprendió sobre Dios leyendo la Escritura.
- Jesús enseñó a las personas cómo es Dios.
- Jesús sanó a los enfermos.
- Jesús ama a las personas.
- Jesús es el Hijo de Dios.
- Jesús siempre obedeció a Dios.
- Jesús está con Dios.

PREESCOLAR MAYORES

- Dios envió a Jesús a la tierra como una persona real.
- Las personas en el Antiguo Testamento predijeron que Jesús nacería.
- Jesús creció, aprendió y tuvo amigos.
- Jesús oraba a Dios.
- Jesús, con Sus palabras y acciones, enseñó a las personas cómo es Dios.
- Jesús realizó milagros.
- Las personas pueden obedecer a Jesús porque lo aman.
- Jesús murió en la cruz y luego resucitó.
- Jesús es el único Hijo de Dios.
- Jesús fue tentado a pecar.
- Jesús está en el cielo con Dios.

NIÑOS MENORES

- Los profetas en el Antiguo Testamento predijeron el nacimiento de Jesús. Él es el Mesías que cumplió las profecías del Antiguo Testamento.
- Jesús entiende lo que es ser humano.
- Jesús adoraba a Dios.
- Jesús enseñó a través de Su vida cómo es Dios.
- Jesús resucitó a personas de entre los muertos.
- Las personas que aman a Jesús quieren obedecerlo.
- Jesús murió en la cruz y Dios lo resucitó de entre los muertos.
- Jesús fue enviado para ser mi Salvador.
- Jesús fue tentado, pero no pecó.
- Jesús ascendió al cielo, pero prometió que regresaría un día.
- Jesús estuvo con Dios en la creación.

NIÑOS MAYORES

- Jesús nació de una virgen.
- Dios planeó que Jesús fuera el Salvador desde el principio de los tiempos.
- Jesús es completamente Dios y completamente hombre.
- Jesús enseñó que la adoración se debe enfocar en Dios.
- Jesús enseñó sobre la fe, la confianza y la obediencia a Dios.
- Jesús realizó milagros a través del poder de Dios.
- Las personas pueden obedecer a Jesús como respuesta a Su amor.
- Jesús murió para pagar la pena del pecado.
- Jesús es el Mesías y el Salvador.
- Jesús fue humano, pero resistió la tentación.
- Jesús ascendió al cielo, pero prometió que regresaría un día.
- Jesús es eterno.

PREADOLESCENTES

- Jesús nació de una virgen.
- Dios planeó que Jesús fuera el Salvador desde el principio de los tiempos y lo envió a la tierra en el momento perfecto.
- Jesús es completamente Dios y completamente hombre; Él vino a la tierra en forma humana.
- Jesús enseñó que la adoración es para la gloria de Dios.
- Jesús enseñó que Él es el único camino a Dios.
- Jesús realizó milagros porque es el Hijo de Dios.
- Jesús transformó a las personas a través de Su amor.
- La crucifixión, sepultura y resurrección de Jesús fueron partes necesarias del plan de Dios para el perdón del pecado.
- Dios envió a Jesús para cumplir Su promesa de redención.
- Jesús es santo y perfecto.
- Jesús está sentado a la diestra de Dios e intercede por nosotros como nuestro abogado, mediador y sumo sacerdote. Cuando Jesús regrese, todas las cosas serán renovadas.
- Jesús ha existido siempre y para siempre estará con Dios.

El Espíritu Santo

PREESCOLAR MENORES

Las afirmaciones conceptuales sobre Dios sientan las bases para aprender más adelante sobre la obra del Espíritu Santo. Ejemplos de estas afirmaciones son:

- Dios me ayuda (Fil 4:19).
- Dios me ama (Jn 3:16).

PREESCOLAR INTERMEDIOS

Las afirmaciones conceptuales sobre Dios sientan las bases para aprender más adelante sobre la obra del Espíritu Santo. Ejemplos de estas afirmaciones son:

- Dios ayuda a las personas (Hch 1:8).
- Dios muestra Su amor a las personas (Jn 15:13).
- Dios ama a las personas y está con ellas (1 Co 3:16).
- Dios me muestra Su amor (Jn 3:16).

PREESCOLAR MAYORES

Las afirmaciones conceptuales sobre Dios sientan las bases para aprender más adelante sobre la obra del Espíritu Santo. Ejemplos de estas afirmaciones son:

- Dios ayuda y provee para las personas (Jn 15:3).
- Dios muestra Su amor a las personas (Jn 15:3).
- Dios siempre está con las personas (1 Co 3:16).

NIÑOS MENORES

- El Espíritu Santo es un ayudante especial.
- El Espíritu Santo ayuda a las personas a entender el plan de Dios para la salvación.
- El Espíritu Santo ayuda a las personas en tiempos de dificultad.
- El Espíritu Santo siempre ha trabajado en el mundo.
- El Espíritu Santo ayuda a los cristianos a hablarles a otros sobre Jesús.
- El Espíritu Santo ayudó a las personas a escribir la Biblia.
- Dios envió al Espíritu Santo para ayudarnos a saber cuándo pecamos.

NIÑOS MAYORES

- Dios, Jesús y el Espíritu Santo son la Trinidad.
- El Espíritu Santo insta a las personas a recibir la salvación de Dios.
- El Espíritu Santo es el Consolador.
- El Espíritu Santo ha trabajado y siempre trabajará en el mundo.
- El Espíritu Santo ayuda a los cristianos a hablarles a otros sobre Jesús y el plan de Dios.
- El Espíritu Santo guio a las personas para escribir las palabras de Dios.
- El Espíritu Santo convence de pecado a las personas.

PREADOLESCENTES

- La Trinidad es eterna, santa y perfecta.
- Las personas reciben el Espíritu Santo cuando aceptan a Jesús como Salvador y Señor.
- Dios envió al Espíritu Santo para ser nuestro Consolador.
- El Espíritu Santo es eterno, activo e intercede por nosotros.
- El Espíritu Santo capacita a los cristianos para hablarles a otros sobre Jesús y el plan de salvación de Dios.
- El Espíritu Santo inspiró y guio a las personas para escribir la Biblia.
- El Espíritu Santo busca a las personas y las convence de pecado.

Para los preescolares, las afirmaciones conceptuales sobre ***Dios*** sientan las bases para aprender más adelante sobre la obra del Espíritu Santo.

Los niños mayores pueden entender más sobre el Espíritu Santo en la medida que se alejan del pensamiento concreto y comienzan a hacer reflexiones más profundas.

La Biblia

PREESCOLAR MENORES

- La Biblia es un libro especial.
- La Biblia habla sobre Dios.
- Las personas en la Biblia hablaron sobre Dios.
- La Biblia habla sobre Jesús.
- La Biblia me ayuda a saber qué hacer.

PREESCOLAR INTERMEDIOS

- Las historias en la Biblia son verdaderas y sucedieron de forma real.
- La Biblia nos enseña cómo es Dios.
- Las personas escribieron las palabras de Dios en la Biblia.
- La Biblia enseña lo que Jesús hizo.
- La Biblia me enseña lo que está bien y lo que está mal.

PREESCOLAR MAYORES

- Todo en la Biblia es verdad.
- La Biblia nos enseña cómo son Dios y Jesús.
- Las personas escribieron solo las palabras de Dios en la Biblia.
- La Biblia enseña que Jesús murió en una cruz, pero resucitó.
- La Biblia enseña sobre las decisiones correctas e incorrectas.

NIÑOS MENORES

- Las verdades de la Biblia nunca cambian.
- La Biblia me ayuda a conocer más sobre Dios, Jesús y el Espíritu Santo.
- Dios ayudó a las personas a saber qué escribir en la Biblia.
- La Biblia enseña que Jesús murió en una cruz, fue sepultado y resucitó.
- La Biblia enseña cómo Dios quiere que las personas vivan.

NIÑOS MAYORES

- Todo en la Biblia es verdad y durará para siempre.
- La Biblia es el mensaje de Dios sobre Él mismo.
- Dios inspiró a las personas para saber qué escribir en la Biblia.
- La Biblia enseña que Jesús murió en una cruz, fue sepultado y resucitó para el perdón de los pecados.
- La Biblia enseña cómo vivir la vida cristiana.

PREADOLESCENTES

- La Biblia es verdadera, sin error y durará para siempre.
- La Biblia es el mensaje de Dios sobre Él mismo y Su plan de salvación a través de Jesús.
- La Biblia es la única Palabra de Dios inspirada y escrita.
- La Biblia enseña que la salvación a través de Jesús es el regalo de perdón de Dios.
- La Biblia enseña cómo vivir la vida cristiana siguiendo a Jesús.

NIVELES DE APRENDIZAJE BÍBLICO

La salvación

PREESCOLAR MENORES

- Dios nos ama.
- Dios se preocupa por nosotros.

PREESCOLAR INTERMEDIOS

- Dios envió a Jesús porque nos ama.
- Dios envió a Jesús porque se preocupa por nosotros.
- Las personas toman decisiones incorrectas.

PREESCOLAR

- Dios envió a Jesús para ayudar a las personas porque las ama.
- Dios envió a Su único Hijo, Jesús, porque se preocupa por nosotros.
- Las personas a veces escogen desobedecer a Dios.

NIÑOS MENORES

- Dios proveyó el camino para que las personas se conviertan en cristianos porque las ama.
- Dios envió a Su único Hijo, Jesús, para ser el único Salvador del mundo.
- El pecado es escoger mi camino y desobedecer a Dios.
- Jesús tomó el castigo por los pecados de las personas.
- Las personas que confían en Jesús como su Salvador y Señor son cristianas.
- Dios perdonará a las personas cuando le pidan perdón.

NIÑOS MAYORES

- Dios proveyó un plan de salvación porque me ama.
- La salvación es el comienzo de una relación progresiva con Jesús que dura para siempre. A través de la salvación, mis pecados son perdonados y comienza el regalo de la vida eterna con Dios.
- El castigo por el pecado es la separación de Dios.
- Jesús murió para pagar la pena por todos mis pecados, pasados, presentes y futuros.
- La salvación de Dios es un regalo que toda persona necesita y puede recibir.
- Cuando el Espíritu Santo me convence de mi pecado, puedo apartarme de mi pecado (arrepentirme) y confiar en Jesús como mi Salvador personal.

PREADOLESCENTES

- Dios tenía un plan de salvación antes del principio de los tiempos.
- Jesús murió de forma voluntaria para proveer la salvación. La muerte y la resurrección de Jesús hacen posible la salvación.
- El castigo por el pecado es la muerte eterna y el infierno.
- Las personas no pueden salvarse a sí mismas. Jesús murió para pagar la pena por mis pecados; nos redimió y rescató del pecado y de la muerte.
- La salvación de Dios es eterna. Nada puede separar a los cristianos del amor de Dios.
- Una relación progresiva con Jesús es importante y necesaria. El cristiano experimenta gozo cuando reconoce que Dios está obrando en su vida y en la vida de los demás.

La creación

PREESCOLAR MENORES

- Dios hizo el día, la noche, las plantas, el cielo, el sol, la luna, las estrellas, los animales, el agua, los pájaros, los peces y las personas.
- Dios hizo a la gente.
- Dios hizo comida para las personas y los animales.
- Dios planeó que los seres humanos cuidaran las cosas que Él hizo.
- Dios dijo que Su creación es buena.
- Dios quiere que yo le dé gracias por las cosas que Él hizo.

PREESCOLAR INTERMEDIOS

- Dios creó el mundo en seis días y descansó en el séptimo.
- Dios hizo a las personas diferentes de las otras cosas que Él creó.
- Dios cuida de Su creación.
- Dios les dice a las personas que cuiden de Su creación.
- Dios quiere que me guste también Su creación.
- Dios quiere que yo le dé gracias por las cosas que Él hizo.
- Dios hizo a las personas con la capacidad para amar.

PREESCOLAR MAYORES

- Dios creó el mundo en seis días y descansó en el séptimo.
- Dios creó a las personas con la capacidad de tomar decisiones.
- Dios provee para Su creación.
- Dios planeó que las personas cuidaran de las cosas que Él hizo.
- Dios quiere que yo disfrute de las cosas que Él creó.
- Dios quiere que las personas le den gracias y lo alaben por Su creación.
- Dios hizo a las personas con la capacidad de amarlo.

NIÑOS MENORES

- Dios creó el mundo de la nada.
- Dios creó a todos para ser como Él y tener una relación con Él.
- Dios planeó y proveyó para Su creación.
- Dios planeó que las personas cuidaran de Su mundo.
- Dios todavía está obrando en Su creación.
- Dios debe ser alabado por Su creación.
- Dios hizo a las personas capaces de amarlo a Él y a los demás.

NIÑOS MAYORES

- Dios habló y creó el mundo de la nada.
- Dios creó a las personas a Su imagen.
- La creación de Dios sigue Su plan.
- Dios quiere que las personas asuman la responsabilidad de cuidar de Su creación.
- Dios todavía está obrando en Su creación y le importa lo que sucede en ella.
- Dios quiere que las personas lo alaben por Su creación.
- Dios creó a las personas a Su imagen para tener una relación personal con Él.

PREADOLESCENTES

- La creación solo puede ser atribuida a Dios.
- Dios creó a las personas a Su imagen.
- El mundo de Dios es ordenado y cumple Sus propósitos.
- Dios da a las personas la responsabilidad de cuidar de Su creación.
- Dios todavía está obrando en Su creación, le importa lo que sucede en ella y está llevando a cabo Su plan a través de ella.
- Dios quiere que las personas lo alaben por Su creación.
- Dios restaura nuestra relación con Él cuando confiamos en Jesús como Salvador y Señor. Nuestra respuesta es la adoración.

La iglesia

PREESCOLAR MENORES

- En la iglesia, las personas aprenden sobre Dios y Jesús.
- En la iglesia, las personas me aman.
- En la iglesia, las personas me ayudan.
- En la iglesia, las personas cantan, hablan con Dios y escuchan historias de la Biblia.

PREESCOLAR INTERMEDIOS

- En la iglesia, las personas utilizan la Biblia para aprender sobre Dios y Jesús.
- En la iglesia, las personas se aman y enseñan sobre Dios y Jesús.
- En la iglesia, las personas se ayudan mutuamente.
- En la iglesia, las personas adoran cantando, hablando con Dios y escuchando historias de la Biblia.
- En la iglesia, las personas ofrendan.
- Jesús tuvo una comida especial con Sus amigos.
- La Biblia tiene historias sobre el bautismo.

PREESCOLAR MAYORES

- La iglesia es un grupo de personas que se reúnen para aprender sobre Dios y Jesús en la Biblia.
- Los ayudantes de la iglesia enseñan sobre Dios y Jesús.
- La iglesia provee formas para que las personas ayuden a otros.
- En la iglesia se rinde adoración, se ora, se da ofrendas, se canta, se lee la Biblia y se aprende más sobre Dios y Jesús.
- Las personas dan ofrendas en la iglesia para ayudar a otros a aprender sobre de Dios y Jesús.
- La Cena del Señor es una comida especial para recordar a Jesús.
- Las personas se bautizan después de convertirse en cristianos.

NIÑOS MENORES

- La iglesia es más que un edificio; es un grupo de cristianos que se reúnen para adorar y servir a Dios.
- La iglesia escoge líderes para enseñar sobre Dios y Jesús.
- La iglesia satisface las necesidades de las personas.
- Dios quiere que las personas se reúnan para adorarlo.
- Se llama diezmos y ofrendas al dinero que las personas dan en la iglesia.
- La Cena del Señor es un momento especial en la iglesia. Las personas recuerdan a Jesús cuando toman la Cena del Señor.
- El bautismo muestra que las personas han confiado en Jesús como Salvador.

NIÑOS MAYORES

- Una iglesia es un grupo de cristianos que se reúnen para adorar y servir a Dios.
- Las iglesias escogen a personas para realizar ciertas tareas.
- Dios utiliza la iglesia para satisfacer las necesidades de las personas en la comunidad y alrededor del mundo.
- Dios quiere que las personas se reúnan para adorarlo.
- Además del dinero, las ofrendas pueden incluir tiempo, talentos y posesiones.
- La Cena del Señor es una forma de recordar a las personas lo que Jesús hizo. Los cristianos participan en la Cena del Señor.
- El bautismo por inmersión muestra que las personas han confiado en Jesús como Salvador y Señor.

PREADOLESCENTES

- La iglesia es una comunidad de creyentes bautizados que se reúnen para adorar y servir a Dios. Las iglesias hoy forman parte del movimiento que Jesús y Sus seguidores comenzaron.
- Dios llama a líderes de la iglesia para entrenar a los creyentes y prepararlos para trabajar en la obra de Dios.
- Dios utiliza la iglesia para satisfacer las necesidades de las personas como expresión de Su amor.
- Las iglesias se reúnen para adorar y responder a Dios.
- Dios quiere que las personas sean buenas administradoras de su dinero, tiempo, talentos y posesiones.
- La Cena del Señor es una ordenanza de la iglesia, un mandato que Jesús dio a la iglesia. La Cena del Señor representa el cuerpo y la sangre de Jesús, y los cristianos participan de ella para recordar Su muerte.
- El bautismo es una ordenanza, un mandato que Jesús dio a la iglesia. El bautismo por inmersión es un símbolo de la muerte, la sepultura y la resurrección de Jesús. Los cristianos se bautizan para mostrar que han confiado en Jesús como Salvador y Señor.

NIVELES DE APRENDIZAJE BÍBLICO

Las personas

PREESCOLAR MENORES

- Dios me hizo.
- Dios me hizo especial.
- Dios me creó para tomar decisiones.
- Dios me ayuda a aprender.
- A Dios le encanta que yo hable con Él.
- Dios me ayuda a crecer como Jesús creció.
- Dios quiere que sea amigo.
- Dios me ama.
- Dios tiene planes para mí.
- Dios me ayuda.
- Dios me ayuda a aprender sobre Jesús.

PREESCOLAR INTERMEDIOS

- Dios me ayuda a crecer.
- Dios me hizo, por lo tanto soy especial.
- Dios me permite tomar decisiones correctas e incorrectas.
- Dios me hizo capaz de pensar, trabajar y jugar.
- A Dios le encanta que yo ore.
- Dios me ayuda a crecer como Jesús creció.
- Dios me ayuda a ser amable con mis amigos.
- Dios siempre me amará.
- Dios tiene un plan para cada persona.
- Dios me ayuda a hacer lo que Él dice.
- Dios quiere que las personas cuiden sus cuerpos.
- Jesús enseñó que puedo pedir disculpas a otros cuando los lastimo.
- Dios quiere que las personas aprendan de Jesús.

PREESCOLAR MAYORES

- Las personas crecen como Dios planeó que crecieran.
- Las personas son especiales porque Dios las hizo.
- Dios permite que las personas tomen sus propias decisiones, correctas e incorrectas.
- Dios hizo a las personas capaces de hacer muchas cosas bien.
- Dios quiere que las personas oren.
- Las personas pueden intentar ser como Jesús.
- Jesús enseñó cómo Dios quiere que tratemos a otras personas.
- No importa lo que suceda, Dios ama a las personas.
- Dios tiene un plan para cada persona.
- Las personas pueden mostrar amor por Dios al obedecer.
- Dios quiere que las personas cuiden sus cuerpos.
- Dios me ayuda a obedecerlo.
- Porque Jesús perdona, puedo decirles a otros que lamento haberlos lastimado.
- Dios quiere que las personas sigan el ejemplo de Jesús.

NIÑOS MENORES

- El nacimiento y el crecimiento son parte del plan de Dios.
- Las personas son la creación más importante de Dios.
- Dios ayuda a las personas a tomar decisiones acertadas.
- Dios quiere que las personas utilicen sus talentos y habilidades de maneras que lo complazcan y honren.
- Dios quiere que las personas oren y lean la Biblia todos los días.
- Las personas pueden seguir el ejemplo de Jesús obedeciendo a Dios.
- Dios me ayuda a amar a otros, tanto amigos como enemigos.
- A las personas les suceden cosas buenas y malas, pero aun así Dios las ama.
- Dios tiene un plan para la vida de cada persona.
- Dios quiere que las personas vivan cada día de maneras que lo complazcan y honren.
- Las personas necesitan cuidar sus cuerpos porque Dios los creó.
- Dios me ayuda a obedecer lo que está escrito en la Biblia.
- Dios me ayuda a darme cuenta cuando he lastimado a otros. Puedo pedirles que me perdonen.
- Dios quiere que nuestras acciones, actitudes, pensamientos y palabras sean buenas.
- Dios quiere que todas las personas sigan el ejemplo de Jesús.

NIÑOS MAYORES

- Dios me creó a Su imagen.
- Cada persona es única y de valor para Dios.
- Las personas son responsables de sus decisiones.
- Las personas pueden desarrollar y utilizar sus habilidades y talentos de maneras que complazcan y honren a Dios.
- Dios quiere que las personas se comuniquen con Él a través de la oración y la lectura diaria de la Biblia.
- Las personas pueden seguir los ejemplos, enseñanzas y mandamientos de Jesús.
- Las personas pueden aprender a amar a otros como Dios los ama.
- Las personas pueden aprender a responder de manera positiva a lo que les sucede.
- Dios quiere que cada persona confíe en Jesús como Salvado Señor.

- Las personas pueden aprender y reconocer la autoridad de Dios.
- Las personas necesitan cuidar sus cuerpos y mentes para honrar a Dios.
- Dios me pide que lo honre eligiendo hacer lo correcto y rechazando lo incorrecto.
- El Espíritu Santo me ayuda a darme cuenta cuando he lastimado a otros. Puedo pedirles que me perdonen.
- Dios quiere que las personas tengan pensamientos y acciones puros.
- Dios quiere que los creyentes sean discípulos que crezcan en su fe y conocimiento de Jesús.

PREADOLESCENTES

- La vida es un regalo de Dios.
- Dios me ama, por lo tanto, puedo apreciar mi valor.
- Las personas son responsables de sus decisiones y de las consecuencias de sus acciones.
- Dios ayudará a los cristianos a conocer y usar sus dones espirituales.
- Dios quiere que las personas se comuniquen con Él y estudien la Biblia cada día.
- Las personas pueden actuar de manera consciente para parecerse cada vez más a Cristo.
- Las personas son responsables ante Dios por la forma en que tratan a los demás.
- Las personas pueden vivir con alegría a pesar de sus circunstancias.
- Dios tiene un plan que cada persona puede entender y seguir.
- Las personas pueden reconocer y seguir la autoridad de Dios en sus vidas.
- Debido a que el cuerpo de una persona es templo de Dios, Él desea que lo honremos con nuestro corazón, alma, mente y fuerzas.
- Dios ordena a las personas que lo obedezcan. Pueden confiar en que Él las ayudará a resistir la tentación y les dará autocontrol.
- Debido a la muerte de Jesús en la cruz, podemos buscar el perdón de Dios y de otros para restaurar relaciones rotas.
- Dios espera que las personas se mantengan puras en todos los aspectos de la vida, con sus cuerpos, pensamientos, actitudes, acciones y palabras.
- Dios da a cada creyente uno o más dones espirituales para hacer Su obra.
- Dios provee recursos y otros creyentes para ayudar a los discípulos a crecer en su fe.

La familia

PREESCOLAR MENORES

- Dios creó las familias.
- Las familias se aman entre sí.
- Dios me dio una mamá y un papá para ayudarme.
- Mi familia me habla sobre Dios.
- Dios ama a las familias.

PREESCOLAR INTERMEDIOS

- El plan de Dios para las familias está en la Biblia.
- Dios quiere que los miembros de la familia se amen y se ayuden de forma mutua.
- El plan de Dios es que los niños obedezcan a sus padres.
- Las familias hablan con Dios y leen la Biblia.
- Dios ama a las familias incluso cuando suceden cosas malas.

PREESCOLAR MAYORES

- El plan de Dios para las familias es que las madres y los padres críen a los hijos. Los niños nacen o son adoptados en una familia.
- Dios quiere que las familias muestren amor, respeto y amabilidad entre sí.
- El plan de Dios es que los niños obedezcan a sus padres.
- Las familias adoran a Dios juntas.
- Cuando dos personas se casan, se convierten en una familia. Adán y Eva fueron la primera familia.
- Dios ama a las familias incluso cuando se lastiman entre sí, y quiere que las familias se perdonen unos a otros.

NIÑOS MENORES

- El plan de Dios para las madres y los padres es que sean ejemplos del amor de Dios.
- El plan de Dios para las familias es que se amen, se respeten y se ayuden unos a otros.
- Dios ordena a los niños que respeten y obedezcan a sus padres.
- Dios quiere que las familias adoren en casa y en otros lugares.
- En un matrimonio, un hombre y una mujer hacen promesas a Dios y entre sí.
- Dios ama a las familias y quiere que se amen y se perdonen cuando suceden cosas difíciles.

NIÑOS MAYORES

- El plan de Dios para las madres y padres es que enseñen a sus hijos sobre Dios. Los padres son ejemplos de cómo Dios es nuestro Padre celestial.
- El plan de Dios es que todos los miembros de la familia trabajen juntos para que Dios reciba honra a través de ella.
- Dios espera que los niños lo honren de la misma manera en que honran a sus padres.
- Dios quiere que las familias adoren juntas para ayudarlas a crecer más fuertes en su fe.
- En una boda, el hombre y la mujer hacen promesas a Dios, entre ellos y ante todos los presentes para estar comprometidos el uno al otro en tiempos buenos y malos.
- Dios ama a las familias incluso cuando sus miembros pecan. Dios siempre desea perdonar.

PREADOLESCENTES

- Las familias son parte del plan de Dios para satisfacer las necesidades espirituales, físicas, mentales, sociales y emocionales de los niños.
- El plan de Dios es que cada persona contribuya de manera positiva a su familia. Hombres y mujeres tienen roles diferentes pero complementarios en la familia.
- Dios espera que los niños lo honren de la misma manera en que honran a sus padres a lo largo de sus vidas.
- Dios desea que las familias tengan una actitud de adoración.
- Un hombre y una mujer se casan en una relación de pacto; se prometen amor mutuo hasta la muerte, como Dios los ama a ellos.
- Dios ama a las familias incluso cuando están rotas. Dios desea que todos los creyentes actúen como la familia de Dios y ayuden a otros en tiempos difíciles.

La comunidad y el mundo

PREESCOLAR MENORES

- Dios creó a las personas.
- Dios ayuda a las personas.
- Las personas hablan sobre Dios y Jesús.
- Las personas pueden hablar con Dios.
- Dios se preocupa por las demás personas y por mí.

PREESCOLAR INTERMEDIOS

- Dios hizo a las personas iguales y diferentes.
- Dios ayuda a todas las personas.
- Las personas hablan a otros sobre Dios y Jesús.
- Las personas pueden orar por otros.
- Las personas son importantes para Dios.
- Los misioneros son personas que hablan a otros sobre Dios y Jesús.

PREESCOLAR MAYORES

- Dios hizo a las personas iguales y diferentes, y todas son especiales para Él.
- Dios ayuda a las personas a hacer Su trabajo.
- Las personas que aman a Dios hablan de Él a otros alrededor del mundo.
- Las personas pueden orar por otros en sus comunidades y en el mundo.
- La Biblia me enseña que ame a los demás en mi comunidad y en el mundo.
- Los misioneros hablan a las personas sobre Dios y Jesús en mi país y en otros países.

NIÑOS MENORES

- Dios valora a todas las personas.
- Dios obra a través de las personas para hacer Su obra en sus comunidades y en el mundo.
- Los cristianos tienen la misión de hablarles a las personas de todo el mundo sobre Jesús.
- Las personas pueden orar por otras personas en todo el mundo.
- La Biblia me enseña que ame a los demás en mi comunidad y en el mundo.
- Dios llama a los misioneros para que proclamen la buena noticia de Jesús a otro grupo de personas.

NIÑOS MAYORES

- Aun antes de nacer, las personas son especiales para Dios.
- Dios obra a través de las personas para hacer Su trabajo en sus comunidades y en el mundo.
- Todos los cristianos son llamados a participar en la misión de Dios.
- Las personas pueden orar por necesidades específicas de otros.
- Dios me pide que me relacione con otros y les muestre Su amor.
- Dios llama a los misioneros para que proclamen la buena noticia de Jesús a otro grupo de personas.

PREADOLESCENTES

- Dios valora a todas las personas en todas partes, tanto a los que están por nacer como a los nacidos, de todas las razas, etnias y culturas.
- Dios permite que las personas se unan a Él en Su obra en todo el mundo.
- Dios llama a todos los cristianos a hablarles a las personas sobre Jesús y enseñarles cómo conocerlo y seguirlo.
- Las personas pueden orar por los misioneros y por las personas a las que enseñan y sirven.
- Dios me pide que me relacione con personas de todo tipo y les muestre Su amor.
- Los misioneros son cristianos que Dios llama para proclamar de forma valiente la buena noticia sobre Jesús a otro grupo de personas, sin importar el peligro.

NIVELES DE HABILIDADES BÍBLICAS

Las habilidades bíblicas no se limitan a encontrar versículos de forma rápida o recitarlos de memoria. Los niños pueden comenzar a aprender estas habilidades a cualquier edad. Aquellos que aprenden a usar su Biblia pueden convertirse en adolescentes y adultos que la estudian de manera habitual.

Preescolares y niños

	PREESCOLARES MENORES	PREESCOLARES MAYORES	NIÑOS MENORES	NIÑOS MAYORES
LA ENSEÑANZA DE LA BIBLIA SOBRE LA SALVACIÓN	Asocian a Dios y a Jesús con la Biblia.	Entienden que la Biblia dice que Dios envió a Jesús a la tierra.	Saben que la Biblia enseña que Dios envió a Jesús a la tierra porque ama a todas las personas.	Saben que la Biblia habla sobre el plan de Dios para rescatarnos.
LA FIABILIDAD DE LA BIBLIA	Escuchan que la Biblia es un libro especial.	Saben que todo en la Biblia es verdad. Entienden que las palabras de Dios en la Biblia nunca desaparecerán.	Comprenden que las verdades de la Biblia durarán para siempre.	Comprenden que las verdades en la Biblia no contienen errores y nunca cambiarán.
EL MENSAJE DE LA BIBLIA	Escuchan que la Biblia habla sobre Dios y Jesús.	Entienden que la Biblia nos enseña cómo son Dios y Jesús.	Saben que la Biblia ayuda a las personas a conocer más sobre Dios, Jesús y el Espíritu Santo.	Saben que la Biblia es la revelación de Dios sobre Él mismo y cómo nos rescata y transforma.
LA INSPIRACIÓN DE LA BIBLIA	Escuchan que Dios dijo a las personas que escribieran la Biblia.	Aprenden que Dios les dijo a las personas qué escribir en la Biblia.	Comprenden que Dios les dijo a los escritores de la Biblia qué escribir.	Comprenden que la Biblia es la única Palabra escrita inspirada por Dios.
LA ENSEÑANZA DE LA BIBLIA SOBRE JESÚS	Escuchan que la Biblia habla sobre Jesús.	Escuchan que la Biblia enseña que Jesús vivió en la tierra, murió en la cruz, Dios lo resucitó y ahora está en el cielo.	Saben que la Biblia enseña que Jesús murió en la cruz, fue sepultado y resucitó de entre los muertos.	Saben que la Biblia enseña que el regalo de la salvación de Dios vino a través de la vida sin pecado, de la muerte y de la resurrección de Jesús.
LA AUTORIDAD DE LA BIBLIA	Escuchan que la Biblia ayuda a las personas a saber qué hacer.	Entienden que la Biblia enseña lo que está bien y lo que está mal. Escuchan que la Biblia enseña a las personas cómo Dios quiere que vivan.	Comprenden que la Biblia enseña a las personas cómo Dios quiere que vivan.	Comprenden que la Biblia enseña a las personas cómo vivir de una manera que glorifique a Dios.
IDENTIFICAN EL ANTIGUO Y NUEVO TESTAMENTO	Saben que la Biblia es un libro.	Saben que la Biblia tiene dos partes principales: el Antiguo Testamento y el Nuevo Testamento.	Encuentran las dos principales partes de la Biblia: el Antiguo Testamento y el Nuevo Testamento, e identifican algunos libros de cada parte.	Nombran todos los libros del Antiguo Testamento y del Nuevo Testamento.
LA BIBLIA Y JESÚS	Asocian a Dios y Jesús con la Biblia.	Entienden que la Biblia dice que Dios envió a Jesús a la tierra.	Saben que la Biblia enseña que Dios envió a Jesús a la tierra porque ama a todas las personas.	Saben que la Biblia habla del plan de Dios para rescatarnos. Saben cómo usar la Biblia para hablarle a alguien sobre Dios y Jesús.
PRONUNCIAN LOS NOMBRES DE LAS PERSONAS Y LUGARES DE LA BIBLIA	Escuchan los nombres de algunas personas de la Biblia.	Comienzan a pronunciar los nombres de personas de la Biblia. Dicen los nombres de algunos lugares de la Biblia.	Pronuncian algunos de los nombres de personas, lugares y cosas que se mencionan en la Biblia.	Pronuncian la mayoría de los nombres de personas, lugares y cosas que se mencionan en la Biblia.
UBICAN LOS LIBROS DE LA BIBLIA	Tocan, sostienen y hojean la Biblia.	Comienzan a reconocer los nombres de los libros en la Biblia. Abren la Biblia en un versículo o pasaje específico.	Encuentran muchos libros en la Biblia sin ayuda.	Localizan todos los libros de la Biblia en un corto período de tiempo.
MEMORIZAN VERSÍCULOS DE LA BIBLIA	Escuchan palabras y frases de la Biblia. Dicen algunas palabras de la Biblia y repiten frases cortas.	Recuerdan y dicen palabras sencillas de la Biblia, frases y versículos con referencias bíblicas.	Memorizan versículos individuales de la Biblia.	Memorizan pasajes de la Biblia y citan versículos individuales cuando se les da la referencia.
LOCALIZAN VERSÍCULOS Y PASAJES DE LA BIBLIA	Escuchan breves historias de la Biblia. Señalan la Biblia y las ilustraciones de Jesús.	Comienzan a buscar referencias de versículos e historias en la Biblia. Recuerdan y hablan sobre una historia familiar de la Biblia o un hecho bíblico. Comienzan a entender que una referencia bíblica incluye: libro, capítulo y versículo.	Recuerdan el contenido de libros específicos. Localizan y leen pasajes específicos con ayuda.	Localizan de memoria pasajes clave y versículos bíblicos en un corto período de tiempo.
INVESTIGAN A LOS AUTORES DE LA BIBLIA	Escuchan que las personas en la Biblia hablaron sobre Dios.	Comienzan a entender que las personas escribieron las palabras de Dios en la Biblia.	Identifican los nombres de los escritores de libros específicos de la Biblia.	Utilizan recursos de estudio bíblico para recopilar información sobre los escritores de la Biblia.
NOMBRAN LAS DIVISIONES DE LA BIBLIA, LAS LOCALIZAN	Escuchan lo que sucedió antes y después del nacimiento de Jesús.	Escuchan que en la Biblia los libros que son similares en el Antiguo Testamento y en el Nuevo Testamento se agrupan.	Nombran las divisiones del Antiguo y del Nuevo Testamento.	Nombran las divisiones del Antiguo y Nuevo Testamento en un tiempo limitado e identifican los libros en cada división.
NOMBRAN O IDENTIFICAN ESTILOS DE ESCRITURA BÍBLICOS	Escuchan que la Biblia incluye poemas, canciones, cartas e historias.	Escuchan que en la Biblia hay poemas, canciones, cartas e historias sobre personas y sucesos.	Nombran los géneros literarios (estilos de escritura) de la Biblia.	Nombran los géneros literarios de la Biblia e identifican los libros en cada género.
RECITAN LOS LIBROS DE LA BIBLIA EN ORDEN	Escuchan los nombres de los libros de la Biblia.	Nombran algunos libros de la Biblia en orden.	Conocen algunos de los libros de la Biblia en orden y pronuncian los nombres de algunos libros de la Biblia.	Conocen y recitan todos los libros de la Biblia en orden en un corto período de tiempo.
UTILIZAN HERRAMIENTAS DE REFERENCIA BÍBLICA	Observan cómo se usa la Biblia para relatar una historia. Ayudan a abrir la Biblia. Hojean la Biblia.	Comienzan a usar herramientas sencillas (impresas y digitales) para descubrir la Biblia. Abren la Biblia en un libro específico. Encuentran lugares bíblicos en un mapa.	Localizan todos los libros de la Biblia usando la página de contenidos. Utilizan otras herramientas para aprender de la Biblia, incluyendo aplicaciones de aprendizaje bíblico, diccionarios bíblicos y mapas.	Utilizan otros recursos para enriquecer habilidades y conocimiento bíblico, como diccionarios bíblicos, comentarios, concordancias, atlas y fuentes digitales.
ASOCIAN PERSONAJES BÍBLICOS CON LIBROS ESPECÍFICOS	Escuchan los nombres de Dios, Jesús y algunos personajes bíblicos.	Recuerdan los nombres de personas conocidas de la Biblia. Mencionan los nombres de libros de la Biblia.	Localizan los nombres de personas prominentes de la Biblia en los libros donde se registran sus historias.	Relacionan a personas prominentes de la Biblia con los libros en los que se registran sus historias.
APLICAN LA BIBLIA	Escuchan versículos bíblicos que se relacionan con actividades cotidianas.	Comienzan a entender cómo los versículos bíblicos se aplican a la vida.	Comprenden y aplican verdades de un versículo bíblico.	Identifican y aplican principios bíblicos a problemas personales y sociales.
PRACTICAN LA LECTURA DIARIA DE LA BIBLIA	Escuchan versículos y relatos leídos de una Biblia. Ven y sostienen una Biblia.	Usan la Biblia en casa con los miembros de la familia.	Usan la Biblia para la lectura personal.	Establecen la disciplina de la lectura diaria de la Biblia.
COMUNICAN EL MENSAJE DE LA BIBLIA A OTRAS PERSONAS	Ayudan a abrir la Biblia. Pronuncian la palabra «Biblia».	Aprenden cuándo, dónde y cómo hablarles a otros sobre Dios y Jesús. Usan la Biblia en la iglesia, en casa y en otros lugares para hablar sobre Dios y Jesús.	Saben cómo usar la Biblia para hablarle a alguien sobre Dios y Jesús.	Explican el significado de un versículo o pasaje a otras personas. Saben cómo usar la Biblia para hablar del evangelio con alguien.

ENFOQUES DE APRENDIZAJE

Cada persona tiene su forma única de aprender mejor y esto incluye a los niños. Tu hijo de tres años tiene maneras específicas que lo ayudan a aprender mejor, al igual que tu hijo en cuarto grado tiene sus métodos preferidos. Por lo general, es posible que tengan uno o dos enfoques dominantes o preferidos para aprender y, debido a la singularidad de cada individuo, cada uno puede beneficiarse de varios enfoques diferentes que les ayuden a aprender de manera más efectiva.

Inteligencia espacial-visual

Me encanta trabajar con bloques y construir todo tipo de cosas. Utilizo palos y cajas para crear estructuras y otros proyectos. Además, soy pintor y escultor, y disfruto mucho los trabajos con arcilla.

Me apasiona ver películas, videos y todo contenido visual.

También tengo habilidades para diseñar carteles, arreglar flores y pensar en términos espaciales.

Observo a las personas y las identifico con facilidad. Mi pensamiento es visual.

ENSEÑAR SOBRE DIOS APRENDIZAJE ESPACIAL-VISUAL

- Utiliza muchas imágenes e ilustraciones bíblicas precisas.
- Muestra mapas.
- Construye modelos de estructuras de tiempos bíblicos.
- Permite a los niños observar la belleza de Dios en la naturaleza.
- No hables demasiado y da tiempo para la observación.

Inteligencia naturalista

Disfruto de la belleza de la creación de Dios.

Aprendo fácil a identificar elementos del mundo natural.

Entiendo bien las historias relacionadas con la naturaleza.

Me encanta investigar, explorar y estudiar aspectos naturales.

Tengo una alta sensibilidad para cuidar el mundo natural.

ENSEÑAR SOBRE DIOS APRENDIZAJE NATURALISTA

- Realiza paseos frecuentes por la naturaleza y anima a los niños a estudiar elementos naturales.
- Invita a los niños a plantar algo y permite que se encarguen de cuidarlo.
- Recoge elementos de la naturaleza para ayudar a relatar la historia de la creación de Dios.
- Utiliza elementos naturales para crear imágenes o ilustraciones de sucesos bíblicos.

Inteligencia musical

ENSEÑAR SOBRE DIOS APRENDIZAJE MUSICAL

- Anima a los niños a inventar canciones sobre la Biblia y sus verdades.
- Descarga música cristiana y hazla sonar para los niños.
- Encuentra canciones que refuercen la verdad que estás enseñando.
- Permite que los niños jueguen con instrumentos musicales o fabriquen instrumentos a partir de diversos objetos.
- Pon música mientras los niños juegan o trabajan de forma individual.

Inteligencia corporal-cenestésica

ME MUEVO Y TOCO TODO CONSTANTEMENTE.

CONOZCO EL MUNDO A TRAVÉS DE MIS MÚSCULOS.

ME GUSTA CONSTRUIR MODELOS A ESCALA, COLUMPIARME Y APRENDER LENGUAJE DE SEÑAS.

LAS NIÑAS SOMOS GIMNASTAS Y LOS VARONES SABEMOS CÓMO VOLVER A CASA EN PATINETA.

MANIPULO LOS OBJETOS CON DESTREZA Y HAGO DIVERSAS COSAS.

ENSEÑAR SOBRE DIOS APRENDIZAJE CORPORAL-CENESTÉSICO

- Organiza una variedad de juegos activos y dinámicos.
- Utiliza gestos para acompañar las narraciones de la Biblia.
- Permite que los niños dramaticen las historias bíblicas.
- Anima a los niños a ponerse de pie durante los juegos de repaso.
- Crea modelos a escala de escenas bíblicas con diversos materiales.

Inteligencia lógico-matemática

ENSEÑAR SOBRE DIOS APRENDIZAJE LÓGICO

- Anima a los niños a usar habilidades matemáticas para determinar tiempos bíblicos y fechas de sucesos mediante sumas y restas.
- Deja que los niños lean las instrucciones de forma cuidadosa y las sigan paso a paso.
- Utiliza acertijos, adivinanzas y enigmas bíblicos para enseñar a los niños.
- Alienta a los niños a seguir las líneas de tiempo de la Biblia para entender las historias.
- Aplica conceptos bíblicos a situaciones prácticas a través de interrogantes del tipo «¿qué pasaría si...?».

Inteligencia intrapersonal

ENSEÑAR SOBRE DIOS APRENDIZAJE INTRAPERSONAL

- Anima a los niños a leer la Biblia por sí mismos en un ambiente tranquilo.
- Alienta a los niños a escribir hechos bíblicos.
- Proporciona historias familiares de personajes bíblicos.
- Da tiempo a los niños para que piensen en sus respuestas.
- Explica a los niños cuál es el objetivo de la lección.

Inteligencia lingüística

ME GUSTAN LAS PALABRAS LOS LIBROS Y LA LECTURA

ME GUSTA APRENDER PALABRAS NUEVAS Y ALARDEAR DE MI VOCABULARIO

ME ENCANTA HABLAR DESDE MUY PEQUEÑO

ME GUSTAN LOS CHISTES Y LOS TRABALENGUAS

DISFRUTO LOS AUDIOLIBROS

ENSEÑAR SOBRE DIOS APRENDIZAJE LINGÜÍSTICO

- Deja que los niños lean directo de la Biblia.
- Habla con los niños sobre los tiempos, hechos e historias de la Biblia.
- Realiza juegos de palabras con los niños.
- Permite que los niños compartan sus pensamientos y opiniones sobre Dios.
- Anima a los niños a memorizar pasajes de la Escritura.

Inteligencia interpersonal

Hago muchos amigos y los mantengo.

Soy el pacificador en el patio de recreo.

Siempre me verás en las fiestas de cumpleaños, aunque no siempre soy el centro de atención.

Soy buen oyente, lo absorbo todo desde la distancia.

Me gusta leer biografías.

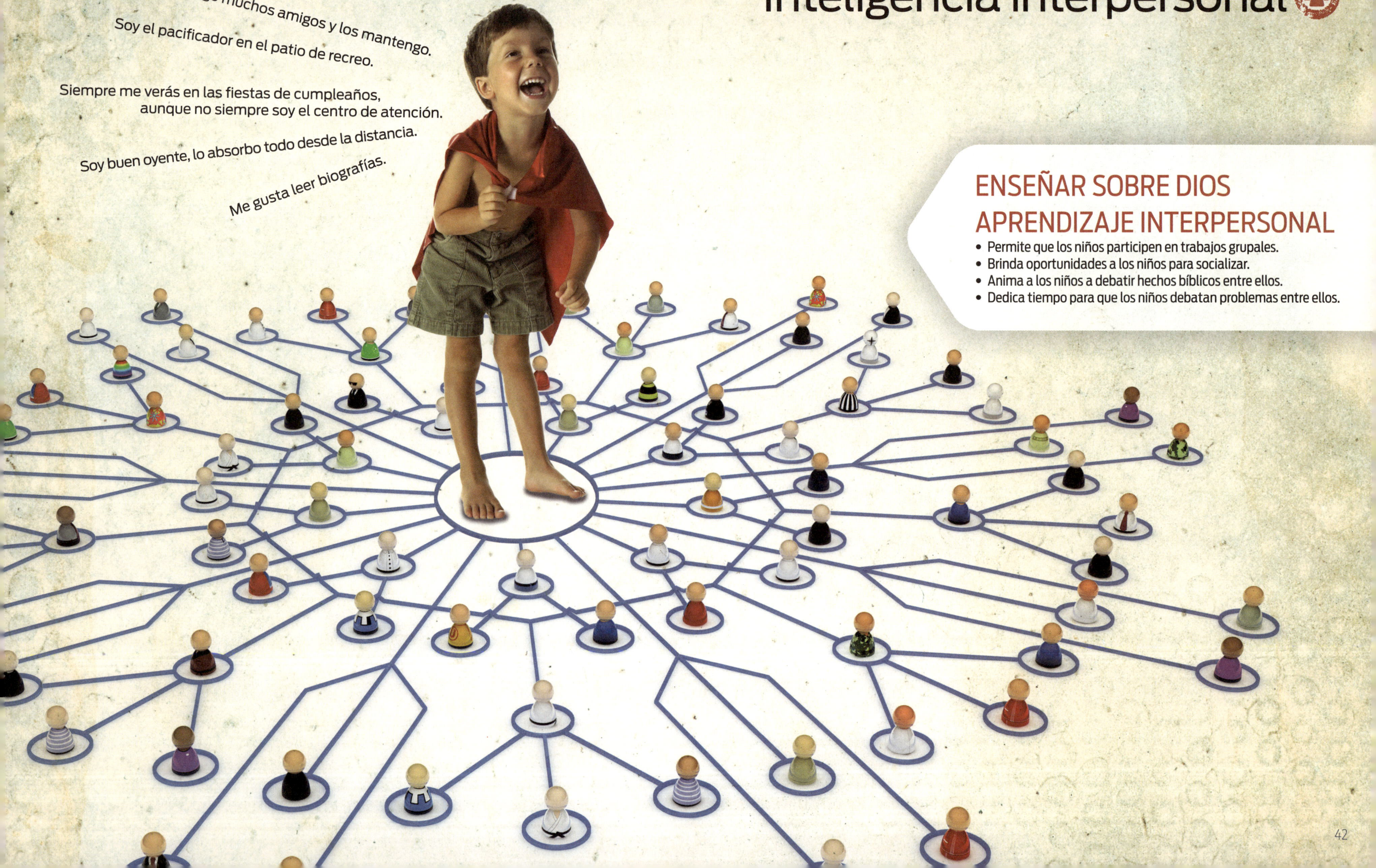

ENSEÑAR SOBRE DIOS APRENDIZAJE INTERPERSONAL

- Permite que los niños participen en trabajos grupales.
- Brinda oportunidades a los niños para socializar.
- Anima a los niños a debatir hechos bíblicos entre ellos.
- Dedica tiempo para que los niños debatan problemas entre ellos.

ENSEÑANZA ACORDE CON EL NIÑO

Todas las personas son diferentes. Algunas son altas y otras son bajitas, algunas hablan mucho y otras son más calladas, algunas toman las cosas de forma literal y otras prefieren pensar de manera más abstracta. La verdad es que cada persona con la que interactúas tiene distintas características. Es posible que en tu grupo haya una niña alta y tranquila que piensa de manera concreta, o un niño bajito, ruidoso y que tiende a pensar de manera más imaginativa. Esta sección te ayudará a comprender las diferencias y cómo puedes ayudar mejor a los niños.

Atender a niños con necesidades especiales

NO HAY FORMA DE ABARCAR POR COMPLETO cómo ayudar a cada niño con trastornos de aprendizaje o discapacidades. Como has visto a lo largo de este libro, cada niño es único y está creado a imagen de Dios. Los niños con necesidades especiales tienen sus propias características.

> «Incluir de manera exitosa a un niño con necesidades especiales puede requerir paciencia y repetición. Me gusta decir: "Si fracaso la primera vez, lo lograré la segunda". Por tanto, no te sorprendas cuando un niño con necesidades únicas tenga dificultades en la primera visita. Que la primera experiencia haya sido difícil no significa que no pueda tener éxito en ese nuevo entorno. Los niños con diferencias de aprendizaje o discapacidades cognitivas por lo general se adaptan después de prueba y error, así como con la familiaridad que van adquiriendo. Ten por seguro que tomará un poco de tiempo descubrir qué estrategias funcionan mejor para un niño en particular; cuando lo logres, permítele sentirse cómodo en su nuevo entorno.»
> —Amy Fenton Lee, «La iglesia inclusiva»

1. Conócelo. No temas decir o hacer algo incorrecto. Habla con él, pregúntale sobre lo que le interesa y sé paciente. Todos los niños necesitan sentirse amados y aceptados.

2. Pregunta a los padres qué les gustaría que supieras sobre su hijo. Algunos niños con necesidades especiales tienen limitaciones dietéticas o físicas. Recuérdalas al planificar tus actividades.

3. Esfuérzate por aprender sus necesidades particulares. Busca la forma de eliminar cualquier barrera debido a su condición médica especial. Habla con los padres para entender qué lo hace tan especial y diferente.

4. Inclúyelo. Al planear una actividad especial o una salida, haz un esfuerzo extra y asegúrate de invitarlo y hacer que se divierta. Sin duda, tomará más tiempo, pero significará mucho para él y sus padres.

5. Ora por él. Pídele a Dios que te permita ser su defensor y que Él brille a través de ti para este niño y sus padres.

Introvertidos y extrovertidos

INTROVERTIDO

Es bastante tranquilo y reservado. ***No pienses que no le importa la actividad si se sienta al fondo del salón.***

Puede responder en voz alta, pero no le gusta improvisar. ***Dale tiempo para que procese la información.***

Llámalo por su nombre cuando le hagas una pregunta. ***Quiere responder, pero no lo hará si no lo llamas de forma directa.***

Pueden existir momentos y situaciones en los que sea más o menos introvertido o extrovertido. ***Considera cómo está organizado tu grupo y determina si un enfoque diferente pudiera ser beneficioso.***

Expresa de forma libre sus pensamientos con los demás. ***Asigna tiempo para debates en grupo.***

Por lo general, habla mientras piensa. ***Redirige la conversación al tema principal, ya que puede desviarse fácilmente.***

Se anima en grupos grandes. ***Puede perder interés en tareas individuales, pero destaca en el trabajo grupal.***

EXTROVERTIDO

Seguidores y líderes

SEGUIDOR ⟷ LÍDER

Puede parecer extrovertido, pero tiende a bloquearse cuando se le pide que lidere un grupo o trabaje de manera independiente. ***Desarrolla su confianza por medio de elogios sobre su capacidad para liderar o realizar un buen trabajo.***

Puede buscar la amistad de un niño dominante. ***Asegúrate de que este amigo no lo manipule.***

Puede tener su opinión sobre una actividad, pero tiende a seguir el grupo. ***Observa los momentos en los que creas que desea hacer algo diferente a sus compañeros.***

Es más probable que sea líder si realiza una actividad en la que es bueno, pero seguidor si no está familiarizado con ella. ***Utiliza actividades que requieran diferentes habilidades.***

Crea un código o símbolo especial con él para que sepa cuándo está hablando demasiado. Los niños pequeños pasan por esta fase mientras aprenden a dar órdenes. ***No le prestes demasiada atención a este comportamiento mandón.***

Puede tomar el liderazgo en las conversaciones. ***Asegúrate de dar la oportunidad a otros niños para que también participen.***

Puede dominar las actividades. ***Limita la cantidad de competencia en proyectos grupales y juegos.***

Conocedores y desinformados

CONOCEDOR

Puede dominar los juegos y las actividades de repaso. ***Pídele que deje que otros tengan la oportunidad de responder.***

Tal vez responda a cada pregunta únicamente con «respuestas de escuela dominical». ***Anímalo a aplicar las verdades bíblicas de manera práctica.***

Conoce bien las normas de comportamiento en la iglesia, aunque quizás no tenga un profundo conocimiento espiritual. ***Es importante no avergonzar a un niño con frases como:*** **«Deberías saber la respuesta, ¡siempre estás aquí!».**

Podría asistir de manera intermitente debido a visitas monoparentales, actividades deportivas y conflictos de horarios, además de no priorizar. ***Enfatiza que cada vez que un niño viene a tu grupo es una oportunidad para hablarle del amor de Cristo.***

Puede ser tímido y cauteloso a la hora de participar. ***Asígnale un compañero conocedor para que se sienta más cómodo.***

Quizás intente responder las preguntas con respuestas ilógicas. ***No permitas que los demás se rían si la respuesta parece absurda. Ayúdalo a descubrir la respuesta correcta.***

Podría tener problemas de comportamiento si no está familiarizado con las reglas y las expectativas. ***Dedica un momento para dar a conocer al grupo las normas del aula.***

DESINFORMADO

Bufones y complacientes

BUFÓN

Se comporta mal adrede para hacer reír a sus compañeros del grupo. ***No reacciones de forma negativa ni positiva a este comportamiento.***

Tiende a burlarse de sí mismo. ***Anímalo cuando haga un buen trabajo.***

Dice algo solo para hacer reír a la gente. ***Ayúdalo a entender cuándo tales respuestas son apropiadas.***

Es una mezcla saludable de ambas características. Los niños que no se toman a sí mismos demasiado en serio pueden ser amenos. ***Recuerda prestarle un poco de atención.***

Le gusta cuando le piden que responda e intenta dar la respuesta que piensa te agradará. ***Ayúdalo a entender que está bien desarrollar sus propias ideas. Puedes pedirle que responda con algo que él haría o diría.***

Podría molestarse cuando no reconoces su buen desempeño. ***Recuerda reconocer a los niños que siempre tienen un comportamiento adecuado.***

Puede ser bastante complaciente. Llega temprano, se queda hasta tarde y se ofrece para todo. ***Dale las gracias por su ayuda, pero invítalo a relajarse y a socializar con sus amigos.***

COMPLACIENTE

Agresores y víctimas

AGRESOR

No le da miedo de golpear o molestar a otro niño en tu presencia. ***Saca al agresivo del escenario y discute sus acciones con sus padres si es necesario.***

Es intimidante con otros niños en el grupo. ***Ayúdalo a entender cómo disculparse con los niños a quienes haya maltratado.***

Podría hablarte de manera brusca y también a algunos niños en el grupo. ***Recuérdale que debe ser respetuoso al hablar con toda persona.***

Puede ser tanto víctima como acosador. ***Ayuda a los niños a evitar comportamientos de acoso en tu clase por medio de ejemplos de respeto mutuo.***

Puede sentirse ansioso cuando está cerca de los niños que lo tienen por objetivo. ***Enséñale técnicas para que sepa manejar por sí mismo las situaciones de acoso.***

Le gusta la iglesia, pero no asiste a actividades especiales o reuniones menos estructuradas. ***Enséñale un método para que pueda avisarte de manera discreta si se siente amenazado.***

Suele tener diferencias físicas, sociales, mentales o emocionales notables respecto a los demás en el grupo. ***Está pendiente de él y ayúdalo, pero evita defenderlo a toda hora.***

VÍCTIMA

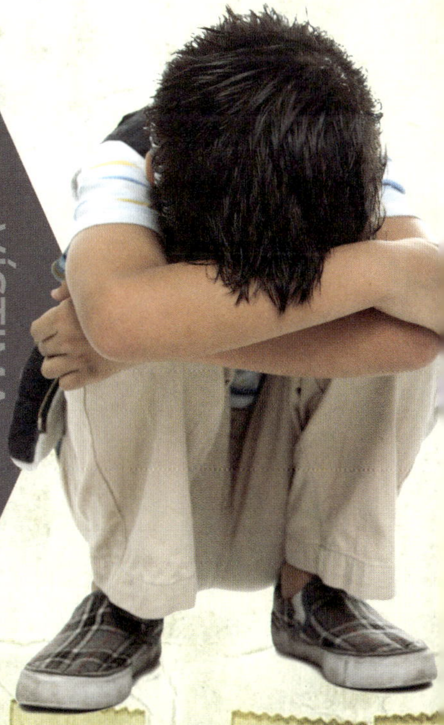

Perfeccionistas y desinteresados

PERFECCIONISTA

Puede ponerse triste cuando comete errores o cuando no es el mejor. ***No seas crítico, él sabe bien cómo encontrar sus propias fallas.***

Es posible que evite hacer ciertas tareas si cree que no puede cumplir con exactitud las instrucciones. ***Señala momentos en tu propia vida o enseñanza en los que hayas cometido errores.***

Quizás comience las tareas de nuevo cada vez que comete un error. ***Anímalo a corregir su error sin empezar de nuevo.***

Puede mostrar mucho interés en ocasiones y poco o ningún interés en otras. ***Varía tus métodos de enseñanza para que en una misma sesión hagas cosas que cada niño disfrute.***

Es posible que le preocupe más lo que dicen sus amigos que en realidad estar desinteresado. ***Motívalo a participar en actividades creando nuevos grupos o dándole la oportunidad de ser capitán de equipo.***

Puede mostrarse distante, no sumido en sueños, sino absorto en otros pensamientos. ***Interactúa con él para saber qué lo distrae.***

Se queja de que las actividades son aburridas o se comporta de manera inapropiada para causar distracciones. ***Pregúntale qué puedes hacer para lograr que la clase sea más interesante e incorpora sus ideas.***

DESINTERESADO

Inseguros y confiados

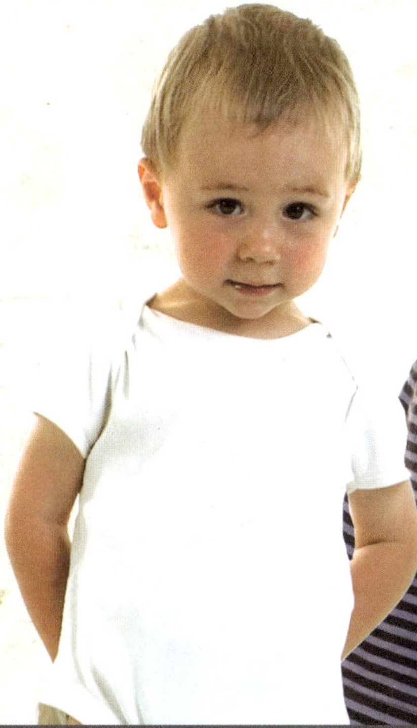

INSEGURO

- Necesita aprobación y elogios constantes. Puede parecer el favorito del maestro. ***Asegúrate de mostrar atención a todos los niños y anímalo a intentarlo una y otra vez.***
- Puede ser en extremo callado y poco participativo. ***Pon a los alumnos a trabajar juntos en ciertos proyectos y así fomentarás nuevas amistades.***
- Se demora en adaptarse a nuevos maestros y entornos. ***Trata de no cambiar la clase de lugar con demasiada frecuencia y coloca los muebles en sitios que le resulten familiares.***
- Puede sentirse más seguro cuando asiste regularmente al mismo salón de clases con el mismo maestro. ***Evita, en lo posible, reestructurar las cosas de manera constante.***
- Entra al aula con confianza, sin depender de sus padres. ***Dale la bienvenida y ofrécele una actividad para que empiece.***
- Hace contacto visual y habla con claridad. ***Desarrolla esta confianza por medio de responsabilidades adicionales en la clase.***
- Se mueve con seguridad, es amigable y extrovertido. ***Recuerda prestarle atención, ya que, por su buena actitud y disposición, a veces puede pasar desapercibido.***

CONFIADO

Distraídos y concentrados

DISTRAÍDO

No parece concentrarse en nada y puede mostrarse hiperactivo en el grupo. ***Ten paciencia con él y planifica muchas actividades cortas para mantenerlo en movimiento.***

Hace preguntas fuera de contexto en medio de la historia bíblica. ***Explícale que te encantará responder a su pregunta al final de la historia.***

Puede abandonar o dejar a medias una tarea o actividad. ***Pregúntale por qué no quiso terminar y ofrécele ayuda para que la complete.***

Completa las actividades a tiempo, pero podría aburrirse con tareas demasiado sencillas. ***Mantén un ambiente dinámico.***

Ajusta el nivel de dificultad de las actividades en cada sesión. ***Asegúrate de incluir actividades que requieran cierto esfuerzo por parte de los niños.***

Te escucha con extrema atención y puede molestarse cuando alguien lo distrae. ***Agradécele por estar atento y recuérdale que tenga paciencia con los otros niños.***

No empezará otra actividad hasta que concluya la actual. ***Avísale unos minutos antes de que se termine el tiempo de la actividad para que sepa que debe finalizar su trabajo.***

CONCENTRADO

CREAR UN ENTORNO DE APRENDIZAJE

El entorno de aprendizaje es el lugar donde enseñas. Puede ser único; sin embargo, aquí tienes algunas ideas para hacer que los niños quieran aprender.

Color

A los niños les resulta atractivo el color **MORADO**; es uno de sus colores preferidos.

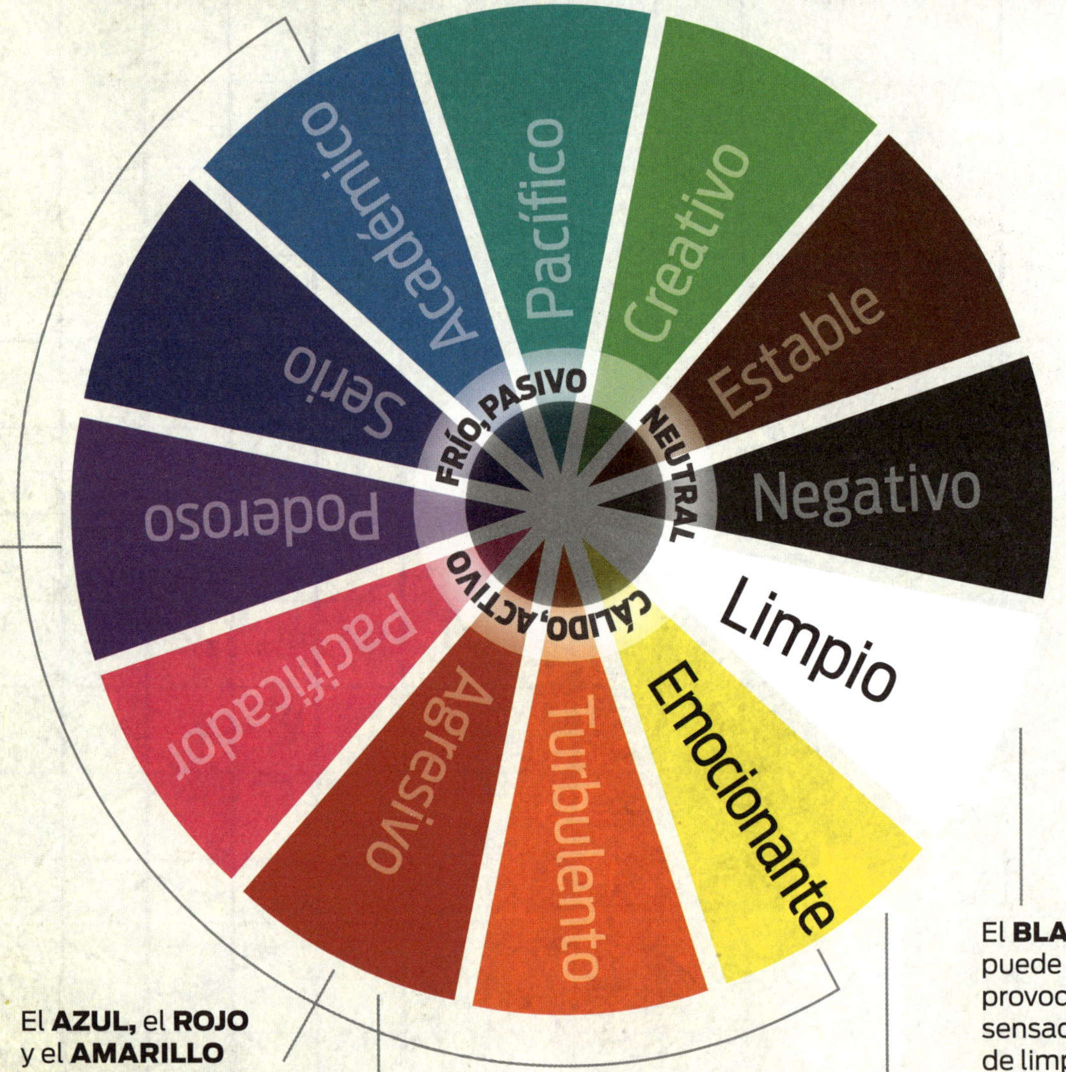

El **BLANCO** puede provocar sensaciones de limpieza o de autoridad.

El **AZUL,** el **ROJO** y el **AMARILLO** juntos producen un efecto poderoso. Con frecuencia los superhéroes utilizan estos colores.

Se sabe que algunas veces el color **ROJO** provoca hambre. Piensa en el color de tu restaurante de comida rápida favorito.

El **AMARILLO BRILLANTE** activa el cerebro. ¿Recuerdas algún personaje ficticio que sea de color amarillo brillante?

SALONES PARA BEBÉS
Evita los colores que por tradición se asocian con géneros específicos y opta por un tono suave como durazno, amarillo o verde. Considera un color neutro para tres paredes y otra con un acento suave y brillante.

SALONES PARA NIÑOS PEQUEÑOS
Utiliza colores suaves, evita los tonos llamativos.

SALONES PARA PRE-ESCOLARES
Comienza a usar tonos más profundos que los colores suaves que se utilizan para los bebés y los niños pequeños.

SALONES PARA NIÑOS MENORES
Crea una pared focal con un color audaz y profundo; las demás paredes pueden tener un color neutro.

SALONES PARA NIÑOS MAYORES
Las paredes neutras con toques audaces de color crearán una sensación moderna y emocionante.

Pasillos y sala de bienvenida

ESTA ES TU PRIMERA OPORTUNIDAD PARA CAUSAR IMPACTO, así que dedica tiempo a asegurarte de que los pasillos y el centro de bienvenida sean de verdad acogedores para niños y padres. A los padres les encanta saber que sus hijos aprenderán en un entorno dinámico. Utiliza colores adecuados de la lista en la página 54.

Las pinturas y murales son apropiados, pero solo por un tiempo. Evita el arte permanente siempre que sea posible; pues, aunque puede ser adecuado por un tiempo, puede volverse monótono. Considera la durabilidad de la pintura, ya que si el artista es miembro de la iglesia, podría sentirse herido si pintas sobre su obra maestra. En su lugar, considera hacer murales en grandes colgaduras de pared que se puedan intercambiar.

Instala **TELEVISORES** para dar anuncios, poner música y agregar color a los pasillos.

BANDERINES COLORIDOS a lo largo del pasillo, colgados del techo.

Ponle nombre al ministerio y crea un **LOGOTIPO** adecuado.

Utiliza **PORTA AFICHES DE ACRÍLICO** grandes para colgar fotografías y carteles.

Una **FRANJA DE COLOR BRILLANTE** en las paredes creará una sensación dinámica.

Utiliza **ALFOMBRAS** llamativas con diseños alegres.

Con frecuencia los colores primarios pierden su atractivo después de un corto período de tiempo. Usa **TONOS JOYA.**

Espacio del aula

EL AULA IDEAL

EN TEORÍA, LAS AULAS DEBERÍAN SER ESPACIOS GRANDES Y RECTANGULARES con techos altos, pero la realidad es que muchas aulas son rectángulos estrechos, en forma de L e incluso pueden no tener paredes. No obstante, es posible trabajar en una habitación no convencional o pequeña. Considera estas opciones para usar el espacio de manera creativa:

DEMASIADO PEQUEÑA
Crea más espacio; saca los muebles hasta que veas que hay suficiente espacio para ti y los niños. Los muebles ocupan mucho espacio valioso y es posible que no puedas permitirte tenerlos.

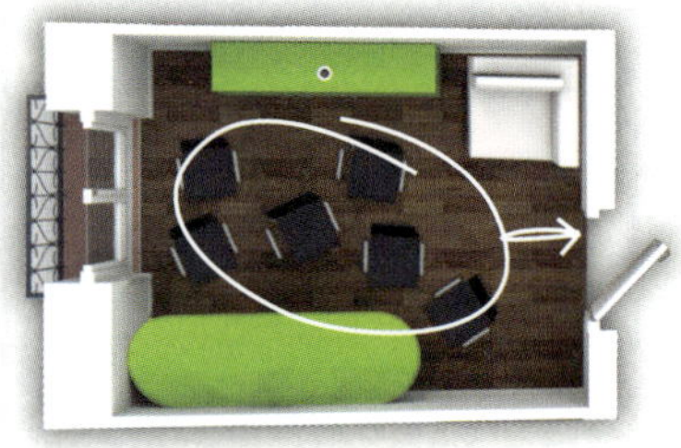

DEMASIADO GRANDE
Reduce el espacio; concentra toda la enseñanza y las actividades en un área limitada.

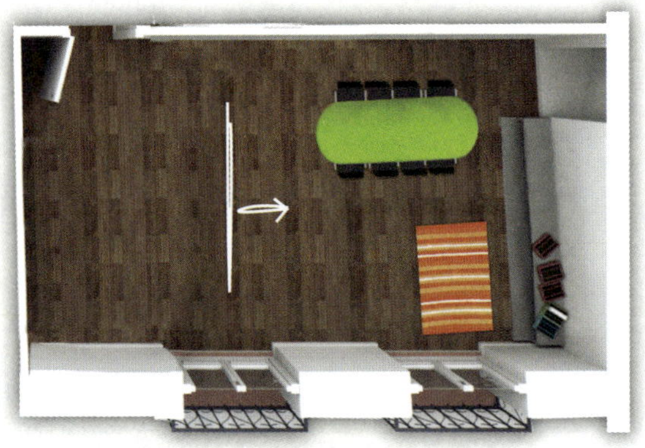

AULAS CON FORMAS INUSUALES
En aulas con formas inusuales, enfócate en la parte más amplia del espacio. Piensa en trasladar elementos innecesarios a la parte más reducida para bloquearla y definir con claridad dónde se llevará a cabo la enseñanza.

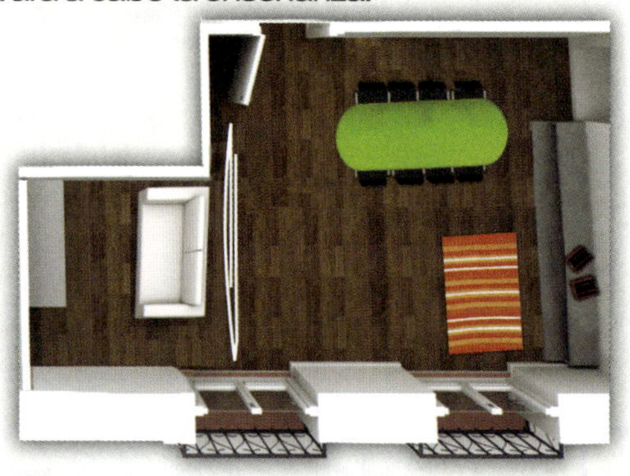

GRUPOS DE DIFERENTES EDADES EN EL MISMO ESPACIO
Crea aulas en tiendas de campaña o divisores de habitación. Divide la sala en cuadrantes y asigna a cada grupo de edad un cuadrante específico.

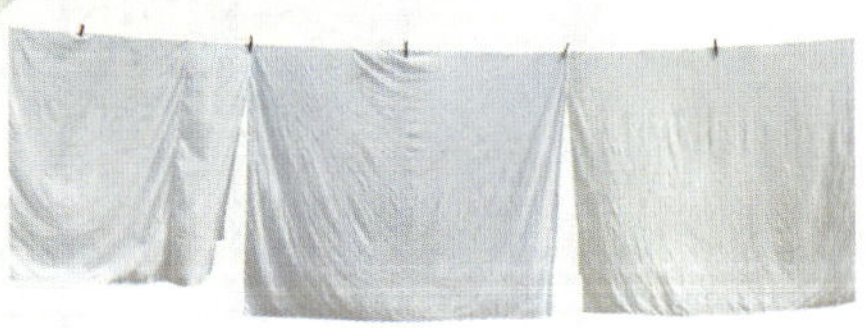

¿COMPARTES ESPACIO?
Evita llenar las paredes con carteles y decoraciones. Reduce la apariencia de desorden y considera colgar una sábana sobre los carteles de otro maestro para crear tu propia pared focal.

REUNIONES EN UN ESPACIO NO TRADICIONAL O PRESTADO
Para crear un entorno más seguro, delimita la sala con cinta adhesiva.

LO IDEAL FRENTE A LO REAL

Revisa el espacio recomendado para cada grupo de edad y describe el espacio real de tu iglesia:

GRUPO DE EDAD	ESPACIO IDEAL POR PERSONA		ASISTENCIA MÁXIMA		TAMAÑO DE LA HABITACIÓN	
	IDEAL	REAL	IDEAL	REAL	IDEAL	REAL
BEBÉS	3 m² (35 sq. ft.)		12		39 m² (420 sq. ft.)	
UNO-DOS AÑOS	3 m² (35 sq. ft.)		12		39 m² (420 sq. ft.)	
PRE-ESCOLAR	3 m² (35 sq. ft.)		16		52 m² (560 sq. ft.)	
NIÑOS MENORES	3 m² (35 sq. ft.)		20		56 m² (600 sq. ft.)	
NIÑOS MAYORES	2 m² (20 sq. ft.)		24		45 m² (480 sq. ft.)	

Ambiente del aula

SILLAS

Compra sillas del mismo color para diferentes grupos de edad, así siempre sabrás qué sillas pertenecen a cada aula.

UNO-DOS AÑOS | **PREESCOLAR** | **NIÑOS MENORES** | **NIÑOS MAYORES**

TEMPERATURA

Las habitaciones no deben estar demasiado calientes ni demasiado frías. Una temperatura adecuada para el aprendizaje es de 21-23 ºC (70-75 ºF).

MESAS

Para los niños, el borde de la mesa debe estar a 2.54 cm (10 in) por encima del asiento de las sillas.

RUIDO

Diferentes actividades requieren distintos niveles de ruido. Establece un área tranquila para los niños que no se desempeñan bien en entornos ruidoso.

ILUMINACIÓN

Emplea un nivel adecuado de iluminación. Los niños trabajan mejor en habitaciones bien iluminadas.

REGLAS

Es recomendable no tener una lista larga de reglas, opta por tres o cuatro reglas clave de comportamiento que todos los niños deben conocer y seguir en el aula.

Decoración del aula

> «El área de **aprendizaje** es un lugar en la habitación donde los niños realizan actividades.»
>
> —Scott Wiley

HABITACIONES PARA BEBÉS

Minimiza las decoraciones en las paredes.

Mantén el suelo despejado y utiliza solo los muebles necesarios.

HABITACIONES PARA NIÑOS PEQUEÑOS

Coloca las decoraciones de pared de forma estratégica; asegúrate de que estén a la altura de los ojos del niño y cerca del suelo. Considera también colgar un espejo a la altura de los ojos del niño.

Habilita bastante espacio para el movimiento.

No coloques demasiados muebles.

HABITACIONES DE PREESCOLAR

Utiliza el espacio de manera creativa para preparar diferentes áreas de aprendizaje donde se llevarán a cabo diversas actividades de clase. Para demarcar estas áreas, puedes usar manteles en el suelo, cinta adhesiva, conos de tráfico, muebles o incluso flechas.

Organiza diversas actividades en cada área de aprendizaje. Estas áreas son flexibles y pueden cambiar cada semana. En caso de tener poco espacio, reduce el número de áreas de aprendizaje.

Las paredes destacadas pueden ser una forma divertida de hacer que la habitación sea más interesante.

Si es posible, evita las pinturas permanentes en las paredes. En cambio, utiliza formas geométricas, adhesivos de vinilo para pared y carteles.

NIÑOS MENORES

Las pinturas magnéticas y de pizarra pueden dar un toque divertido y efectos interesantes a las paredes.

Evita colocar la pared principal frente a la puerta, ya que esto puede distraer a los niños. Si buscas un efecto visual más duradero, piensa en pintar siluetas de colores complementarios o formas geométricas.

Deja un espacio amplio y abierto para juegos y actividades dinámicas.

NIÑOS MAYORES

Utiliza muebles de diseño cómodo y moderno.

Las pinturas magnéticas y de pizarra pueden dar un toque divertido y efectos interesantes a las paredes.

Utiliza medios audiovisuales y computadoras para enriquecer la experiencia de aprendizaje.

Deja un espacio amplio y abierto para juegos y actividades dinámicas.

El maestro en el entorno de aprendizaje

EL MAESTRO ES EL RESPONSABLE PRINCIPAL de crear un ambiente de aprendizaje. No importa dónde estés, ya sea en un aula, en un cine o debajo de un árbol, tus acciones para promover el aprendizaje tendrán mucho impacto. Como maestro, debes:

Crecer en tu caminar con Cristo y tener una teología sólida.

Mostrar interés por los niños en tu clase y entusiasmo por enseñarles.

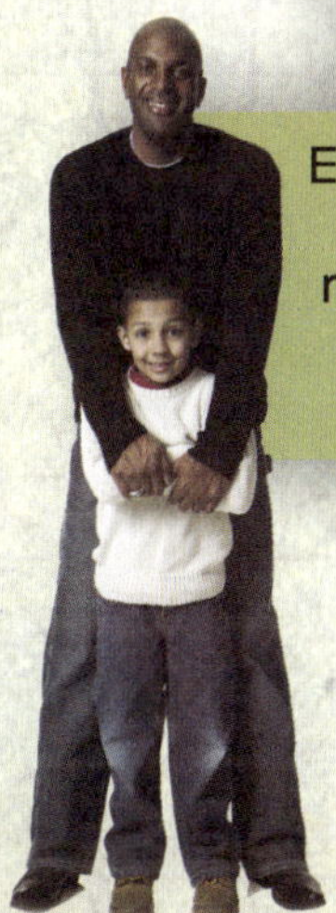

Estar dispuesto a construir relaciones con los niños y sus padres.

Estar listo para enseñar a través de la oración y la planificación.

Preocuparte por lo que les interesa a los niños.

Comprende la variedad de contextos socioeconómicos de los que provienen los niños.

Muestra entusiasmo por enseñar a los niños por medio de diferentes enfoques de aprendizaje.

Acepta a todos los niños.

Anhela aprender, crecer y probar cosas nuevas; sé flexible y trabaja en equipo.

Enseña a partir de aquello que Dios te ha enseñado.

Preparación del maestro

PLAN DE SIETE DÍAS PARA LA PREPARACIÓN DEL MAESTRO

Esta semana

Domingo LEE EN LA BIBLIA EL PASAJE QUE ENSEÑARÁS LA PRÓXIMA SEMANA.

Lunes LEE EL PUNTO DE LA SESIÓN Y EL CONTEXTO BÍBLICO.

Martes LEE LOS PROCEDIMIENTOS DE ENSEÑANZA Y EMPIEZA A REUNIR LOS MATERIALES.

Miércoles ORA POR LOS NIÑOS DE LA ESCUELA DOMINICAL Y CONTACTA A QUIENES FALTARON EL DOMINGO PASADO.

Jueves VUELVE A LEER EL PASAJE DE LA ESCRITURA Y TERMINA DE REUNIR LOS MATERIALES.

Viernes ORA POR TU EQUIPO DE ENSEÑANZA Y ASEGÚRATE DE COORDINAR QUIÉN SE ENCARGARÁ DE CADA TAREA ESPECÍFICA.

Sábado REVISA EL PASAJE DE LA ESCRITURA Y LOS PROCEDIMIENTOS DE ENSEÑANZA.

PLAN DE DOS DÍAS PARA LA PREPARACIÓN DEL MAESTRO

DÍA 1

* LEE EL PUNTO DE LA SESIÓN Y EL CONTEXTO BÍBLICO.
* LEE LOS PROCEDIMIENTOS DE ENSEÑANZA.
* ORA POR LOS NIÑOS.

DÍA 2

* REÚNE LOS MATERIALES.
* VUELVE A LEER EL PASAJE DE LA ESCRITURA Y LOS PROCEDIMIENTOS DE ENSEÑANZA.

PLAN DE UNA HORA PARA LA PREPARACIÓN DEL MAESTRO

DE 0 A 15 MINUTOS:
LEE EL PASAJE DE LA ESCRITURA Y LA HISTORIA BÍBLICA.

DE 15 A 45 MINUTOS:
LEE LOS PROCEDIMIENTOS DE ENSEÑANZA Y REÚNE LOS MATERIALES NECESARIOS.

DE 45 A 60 MINUTOS:
ORA Y VUELVE A LEER LA HISTORIA BÍBLICA.

> «La mejor sesión es aquella que se **planifica.**»
>
> —Bill Emeott

CONSEJOS PARA LA PLANIFICACIÓN:

1. Comienza siempre con la Escritura como base.
2. No te sientas obligado a hacer todas las actividades.
3. Conoce bien a tu grupo; algunas actividades podrían no ser adecuadas para ellos.
4. En caso de que tengas poco tiempo, revisa la lista de preparación y utiliza lo que ya tengas.
5. Mantén a los niños activos. ¡Planifica una sesión dinámica!

El líder preparado

COMO MAESTRO DE NIÑOS EN LA IGLESIA, sabes que a veces surgen imprevistos. Es posible que un maestro se enferme a última hora, que otra clase se una a la tuya o que al llegar a la iglesia te pidan que ayudes en otra clase. No siempre tendrás tiempo suficiente para prepararte, pero siempre puedes llevar contigo ciertos materiales que te ayudarán a enseñar en cualquier momento.

TODO MAESTRO NECESITA:

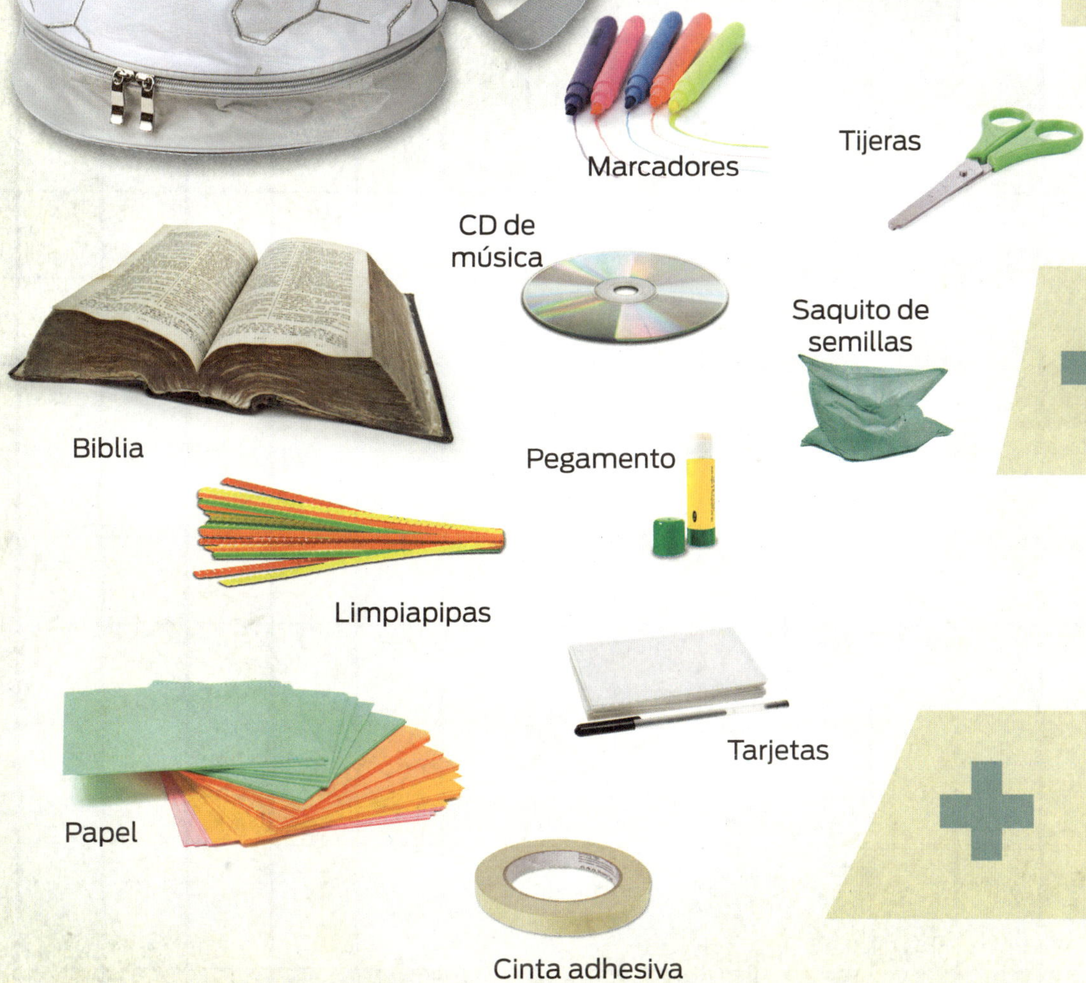

+ BEBÉS A DOS AÑOS
LOS MAESTROS NECESITAN TAMBIÉN:

+ PREESCOLAR
LOS MAESTROS NECESITAN TAMBIÉN:

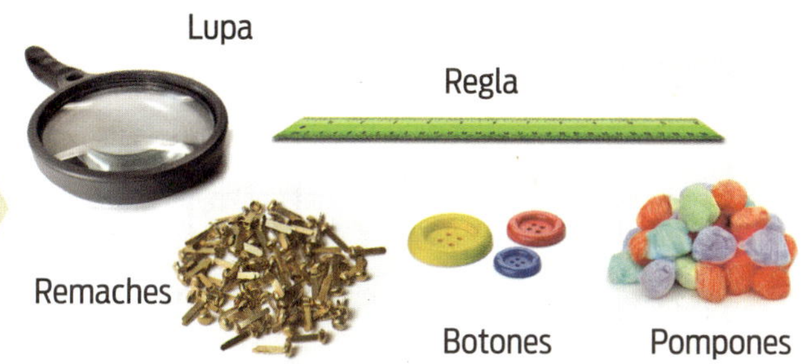

+ NIÑOS
LOS MAESTROS NECESITAN TAMBIÉN:

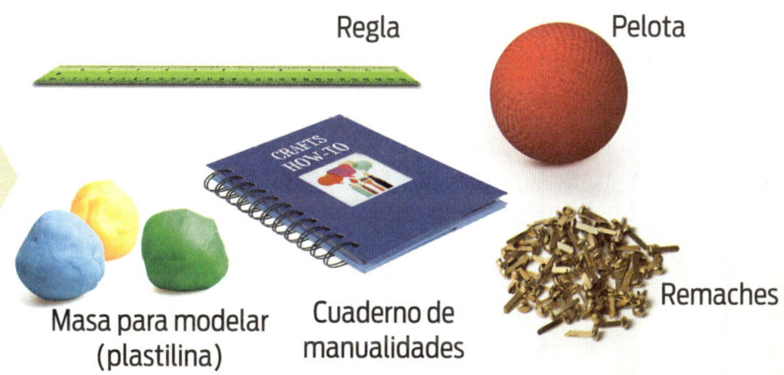

INSTANTÁNEAS
ÍNDICE DE NIÑOS MARAVILLOSOS

Las instantáneas te ayudarán a comprender cada tema desde diferentes perspectivas o servirán como una referencia rápida para conceptos con abundante información.

INSTANTÁNEAS

CARACTERÍSTICAS FÍSICAS
LÍNEA DE TIEMPO

B BEBÉS
utilizan muchos reflejos complejos

comienzan a agarrar objetos

sostienen la cabeza

se sientan, se voltean y gatean

1 UN AÑO
trepan

les gusta explorar

dibujan en papel con marcadores

llevan objetos de un lugar a otro

2 DOS AÑOS
desarrollan preferencia por la mano derecha o la izquierda

se paran en un pie, mantienen el equilibrio

tienen mejor coordinación motora gruesa

brindan ayuda al cambiarse de ropa

3 TRES AÑOS
usan los músculos grandes

empiezan a vestirse casi sin ayuda

muestran habilidades motoras finas

no les gusta la siesta y tienen dificultades para dormir durante este tiempo

4 CUATRO AÑOS
muestran buena coordinación de los músculos grandes

tienen un cuerpo más largo y esbelto

desarrollan habilidades motoras finas

comienzan a usar la mano derecha o izquierda

5 CINCO AÑOS
saltan bien; saltan en línea recta

tienen buena coordinación mano-ojo

usan claramente la mano derecha o izquierda

controlan sus músculos grandes

empiezan a preferir ciertos alimentos

6 SEIS AÑOS
son descuidados; tienen prisa

les gusta la velocidad

aprenden a distinguir la izquierda de la derecha

se cansan con facilidad

se enferman con frecuencia

disfrutan el aire libre y el gimnasio

7 SIETE AÑOS
a veces están tensos

les gustan los espacios reducidos

experimentan más heridas, reales e imaginarias

8 OCHO AÑOS
tienen buena coordinación mano-ojo

a veces se exceden en las actividades físicas y les resulta difícil calmarse

9 NUEVE AÑOS
crecen lento y constante

tienen buen control muscular

las niñas generalmente crecen más rápido que los niños

10 DIEZ AÑOS
les gusta emplear su gran energía y sus habilidades físicas

11 ONCE AÑOS
tienen buena coordinación y habilidades musculares

12 DOCE AÑOS
se acercan a la pubertad

las niñas generalmente se desarrollan antes que los niños

Bebés | Un año | Dos años | Tres años | Cuatro años | Cinco años | Seis años | Siete años | Ocho años | Nueve años | Diez años | Once años | Doce años

Características mentales
LÍNEA DE TIEMPO

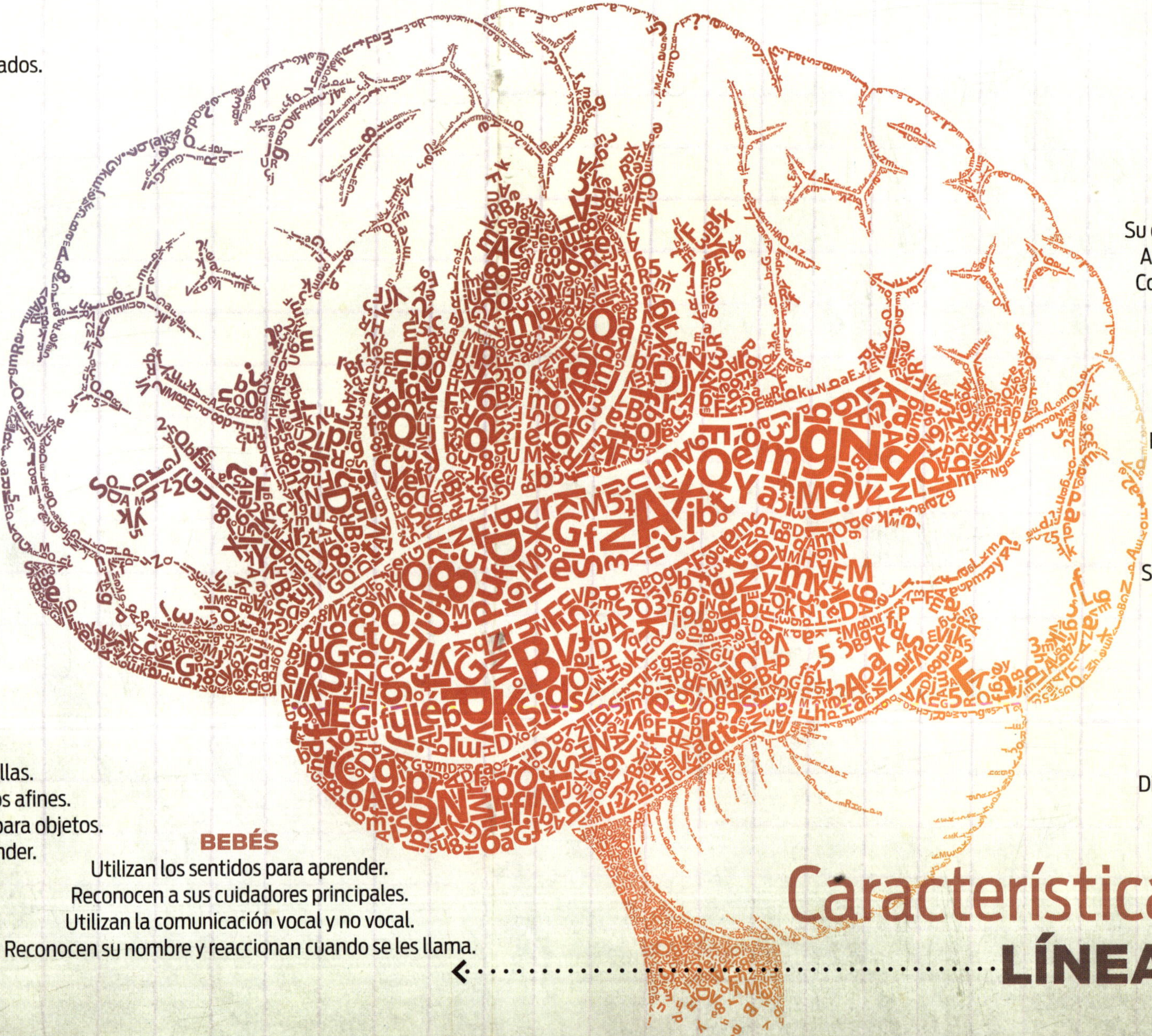

BEBÉS
Utilizan los sentidos para aprender.
Reconocen a sus cuidadores principales.
Utilizan la comunicación vocal y no vocal.
Reconocen su nombre y reaccionan cuando se les llama.

UN AÑO
Recuerdan cosas sencillas.
Empiezan a agrupar objetos afines.
Comprenden y usan palabras para objetos.
Intentan hacerse entender.

DOS AÑOS
Usan de 5 a 300 palabras.
Comienzan a usar oraciones.
Se reconocen por su género.
Siguen direcciones sencillas en orden.
Empiezan a usar números.
Saben los colores.

TRES AÑOS
Usan de 300 a 1000 palabras.
Muestran creatividad e imaginación.
Comienzan a decir frases completas.
Hacen una cosa a la vez.

CUATRO AÑOS
Tienen mayor capacidad de atención.
Tienen mucha imaginación; no distinguen entre realidad y fantasía.
Usan de 500 a 2000 palabras.
Les gusta hacerse los graciosos.
Usan muchas palabras sin conocer sus significados.

CINCO AÑOS
Escriben su nombre, aunque no muy claro.
Utilizan un vocabulario de 2000 palabras.
Tratan de explicar el porqué y el cómo.
Comienzan a reconocer palabras básicas al leer.
Les gusta clasificar, secuenciar y ordenar.

SEIS AÑOS
Les gusta trabajar.
Dan una explicación sobre algo; las actividades tipo «Muestra y explica» son efectivas.
Disfrutan los chistes y los juegos de adivinanzas.
Les encanta hacer preguntas.
Se interesan por los juegos y las ideas nuevas.
Aprenden mejor a través del descubrimiento.

SIETE AÑOS
Sienten la necesidad de completar las tareas y los trabajos.
Prefieren trabajar despacio y solos.
Tienen una creciente capacidad de reflexión.
Borran mucho, quieren que su trabajo sea perfecto.
Les gusta repetir tareas.
Quieren descubrir cómo funcionan las cosas; les interesa desarmarlas.

OCHO AÑOS
Les gusta experimentar y descubrir cómo están hechas las cosas.
Se diferencian de sus compañeros en cuanto a habilidades de lectura.
Valoran el dinero.
Quieren aprender.

NUEVE AÑOS
Su capacidad de atención es cada vez mayor.
Aceptan críticas formuladas con cuidado.
Comienzan a pensar de manera abstracta.

DIEZ AÑOS
Son imaginativos, creativos y curiosos.
Expresan bien sus ideas; entienden *causa y efecto*.
Pueden resolver problemas y planificar.

ONCE AÑOS
Hacen razonamientos profundos.
Aceptan el éxito y el fracaso.
Se concentran cuando están interesados.
Piensan con rapidez y memorizan con facilidad.

DOCE AÑOS
Distinguen entre realidad y ficción.
Pueden aceptar y trabajar para lograr metas a corto plazo.
Disciernen la relación de tiempo y espacio.

Características espirituales
LÍNEA DE TIEMPO

BEBÉS
Confían al ver que sus necesidades se satisfacen constantemente.

Perciben el amor en actitudes y expresiones.

Reconocen la Biblia y las ilustraciones de Jesús.

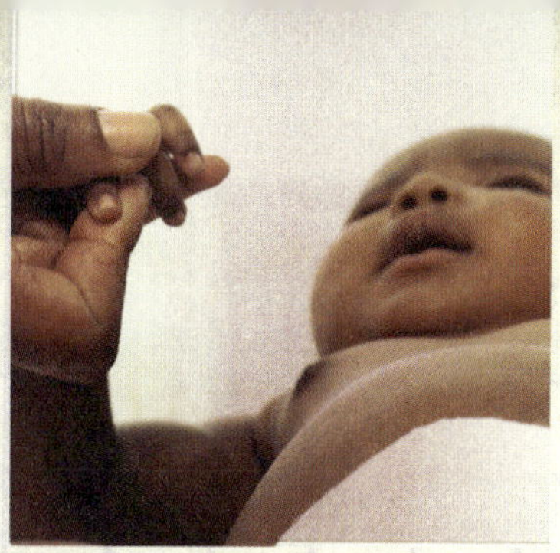

UN AÑO
Desarrollan aún más confianza en los adultos.

Comienzan a distinguir entre comportamientos aceptables e inaceptables.

Empiezan a reconocer ilustraciones sencillas de Jesús.

DOS AÑOS
Cantan canciones sencillas sobre Dios y Jesús.

Dan gracias a Dios.

Pueden escuchar historias de la Biblia.

TRES AÑOS
Identifican algunos personajes e historias de la Biblia.

Comprenden que Dios, Jesús y la iglesia son especiales.

Empiezan a desarrollar la conciencia y a sentir vergüenza y culpa.

CUATRO AÑOS
Les gusta relatar de nuevo historias bíblicas.

Reconocen que Dios y Jesús aman y ayudan a las personas de manera especial.

Son más conscientes del entorno.

Expresan amor por Dios y Jesús.

CINCO AÑOS
Recuerdan y les agrada relatar historias bíblicas.

Usan la Biblia y les gusta encontrar frases y versículos bíblicos.

Empiezan a hacer preguntas sobre Dios.

Pueden aplicar versículos bíblicos a la vida cotidiana.

SEIS AÑOS
Ven a Jesús como un amigo y colaborador.

Aprenden de la Biblia y conocen muchas de sus historias básicas.

Pueden hacer conclusiones sobre Dios.

Comienzan a tener un entendimiento básico del pecado.

Comienzan a tener un entendimiento básico del evangelio.

Conocen las respuestas correctas, pero a veces no entienden su aplicación.

SIETE AÑOS
Muestran interés en saber más sobre Dios y Jesús.

Preguntan por qué Dios permitió que Jesús muriera por los pecados de los demás.

Reconocen las consecuencias de sus pecados.

Entienden que las personas se convierten en cristianos al aceptar a Jesús como Salvador y Señor.

OCHO AÑOS
Hacen preguntas serias sobre la religión.

Están desarrollando valores.

Pueden ser veraces y honestos.

A menudo tienen dificultades para tomar decisiones.

NUEVE AÑOS
Con frecuencia empiezan a sentir la necesidad de un Salvador.

Están tomando conciencia de sí mismos y del pecado.

Quieren hacer las cosas de la manera correcta y piensan en términos de lo correcto y lo incorrecto más que en términos de bien y mal.

DIEZ AÑOS
Están desarrollando conceptos de amor y confianza.

Están desarrollando una conciencia y un sistema de valores.

ONCE AÑOS
Han formado conceptos de su valor propio.

Están listos para respuestas y guía espiritual.

Pueden tomar muchas decisiones, pero no cumplir los compromisos a largo plazo.

DOCE AÑOS
Sienten profundamente sus propias experiencias.

Están comenzando a adoptar un sistema personal de creencias religiosas.

Características socio-emocionales
LÍNEA DE TIEMPO

B

BEBÉS
Muestran atención cuando se les habla.
Empiezan a interactuar socialmente.
Guardan silencio en lugares nuevos.
Mantienen contacto visual y sonríen a las demás personas.
Muestran interés por otros niños.

1

UN AÑO
Experimentan ansiedad ante los extraños.
Juegan juegos sencillos.
Pueden turnarse para una actividad.
Reconocen las emociones de los demás.

2

DOS AÑOS
Muestran interés en la familia.
Inician juegos con sus compañeros.
Muestran amor y afecto.
Muestran una fuerte independencia.

3

TRES AÑOS
Intentan agradar a los adultos; son más complacientes.
Responden a la orientación verbal.
Les gusta el estímulo.
Juegan cooperativamente con otros.

4

CUATRO AÑOS
Confían en sus habilidades.
Chismean con frecuencia.
Se centran en el juego cooperativo y saben turnarse.
Les gusta ayudar si ellos lo proponen.
Responden a la razón, el humor y la firmeza.

5

CINCO AÑOS
Trabajan bien en grupos pequeños.
Tienen mejores amigos, pero cambian de amigos con frecuencia.
Suelen ser propensos a la autocrítica y la culpa.
Empiezan a distinguir la verdad y la mentira.
Pueden aceptar responsabilidades.

6

SEIS AÑOS
Son competitivos y entusiastas.
A veces no saben perder o son deshonestos; inventan reglas.
Encuentran difícil cualquier cosa en la que fracasen; se animan con aliento y apoyo.
Se molestan fácilmente cuando se sienten heridos.
Los amigos son importantes (pueden tener un mejor amigo).

7

SIETE AÑOS
A veces están de mal humor, tristes, enfurruñados o muestran timidez.

Necesitan seguridad y estructura.

Son sensibles a los sentimientos de los demás.

Son conscientes y serios.

Tienen preferencias y aversiones fuertes.

8

OCHO AÑOS
Prefieren a sus compañeros del mismo sexo; no les agrada el sexo opuesto.

Les gusta trabajar con otros.

9

NUEVE AÑOS
Necesitan desahogarse y a veces lo hacen con otros compañeros.

Empiezan a sentir que el grupo es tan importante como uno mismo.

Son grandes conversadores y necesitan que se les permita hacerlo.

10

DIEZ AÑOS
Se motivan principalmente por sus propios intereses; se centran en sí mismos, usando sus propias experiencias.

Se desempeñan cómodamente dentro de un grupo.

Les gusta la aceptación y el estímulo; se desaniman fácilmente.

11

ONCE AÑOS
Pueden aceptar reglas, organización, responsabilidades y roles de líder-seguidor.

Les gusta ganar y mejorar sus logros.

Reconocen y aprecian las diferencias individuales.

12

DOCE AÑOS
Son conscientes de los roles de género; tienen actitudes variables hacia el sexo opuesto.

Tienen una profunda necesidad de compañerismo y aprobación de sus pares.

Son susceptibles a influencias emocionales, pero pueden manejar ciertos sentimientos.

Niveles de aprendizaje bíblico

EN LA MEDIDA QUE LOS NIÑOS CRECEN, SU COMPRENSIÓN DE LAS VERDADES BÁSICAS CRECE TAMBIÉN.

En **Niveles de comprensión bíblica**® no se detallan edades específicas porque Dios diseñó a cada niño para desarrollarse de manera diferente. Tu hijo progresará en su comprensión de los conceptos a un ritmo único, de acuerdo con cómo Dios creó a tu hijo y su creciente relación con Jesús. Estos conceptos también proporcionan un estándar de lo que tu hijo sabrá cuando llegue a ser un preadolescente.

Niveles de habilidades bíblicas

IDENTIFICAR EL ANTIGUO Y EL NUEVO TESTAMENTO

Los niños pueden pasar de saber que la Biblia es un libro a lograr localizar el Antiguo y el Nuevo Testamento, hasta poder identificar todos los libros del Antiguo y del Nuevo Testamento.

NOMBRAR PERSONAJES Y LUGARES BÍBLICOS

Los bebés pueden escuchar los nombres de los libros de la Biblia y, al llegar a la edad preescolar, pueden incluso pronunciar algunos. Para cuando sean preadolescentes, pueden desarrollar la habilidad de nombrar la mayoría de los personajes, los lugares y detalles de la Escritura.

LOCALIZAR LOS LIBROS DE LA BIBLIA

Los bebés pueden tocar, sostener y hojear la Biblia. En la medida que crecen y maduran, los niños pueden aprender a localizar algunos libros y, con el tiempo, pueden ubicar todos los libros de la Escritura en un corto período de tiempo.

HABLAR A OTROS SOBRE LA BIBLIA

Desde ayudar simplemente a abrir la Biblia en un versículo o historia determinados, los niños pueden mejorar en su habilidad para encontrar versículos o referencias específicas. A medida que se acercan a la preadolescencia, pueden comenzar a explicar el significado de un versículo o pasaje a otros.

MEMORIZAR VERSÍCULOS DE LA BIBLIA

Los bebés pueden repetir frases cortas de 3 a 5 palabras. Al empezar en la escuela primaria temprana, pueden memorizar algunos versículos individuales. Los preadolescentes pueden memorizar pasajes de la Biblia y citar hasta 75 versículos.

LOCALIZAR VERSÍCULOS EN LA BIBLIA

Los bebés solo pueden escuchar historias breves de la Biblia, pero los niños mayores y los adolescentes pueden recordar y ubicar de memoria versículos comúnmente citados, como los Diez Mandamientos o el Sermón del Monte.

ENTENDER EL PLAN DE SALVACIÓN DE DIOS

Los niños pueden pasar de saber que la Biblia habla sobre Dios y Jesús, a comprender el plan de salvación de Dios, y luego aprender a utilizar la Biblia para hablarle a alguien sobre Dios y Jesús.

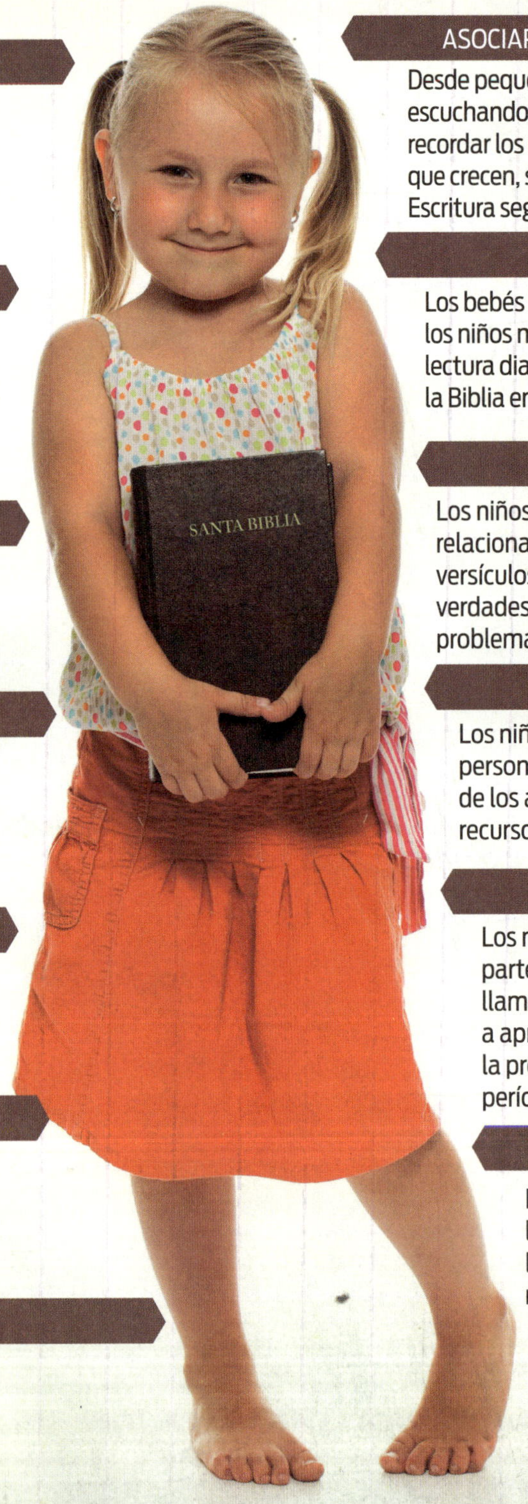

ASOCIAR PERSONAJES BÍBLICOS CON LIBROS ESPECÍFICOS

Desde pequeños, los bebés y los niños en edad preescolar empiezan escuchando los nombres de Dios y Jesús, y con el tiempo pueden recordar los nombres de personajes conocidos de la Biblia. A medida que crecen, son capaces de identificar personajes importantes de la Escritura según los libros donde se relatan sus historias.

PRACTICAR LA LECTURA DIARIA DE LA BIBLIA

Los bebés comienzan escuchando versículos en casa, y a medida que los niños más pequeños aprenden a leer, pueden usar la Biblia para la lectura diaria. Los niños mayores pueden desarrollar la habilidad de utilizar la Biblia en sus devocionales y establecer una disciplina de lectura diaria.

APLICAR LA BIBLIA

Los niños en edad preescolar pueden escuchar versículos que se relacionan con actividades cotidianas y comenzar a aplicar esos versículos en su vida. Con el tiempo, los niños pueden descubrir y aplicar verdades de un pasaje bíblico, así como aplicar principios bíblicos a problemas personales y sociales.

INVESTIGAR SOBRE LOS AUTORES DE LA BIBLIA

Los niños pueden comenzar aprendiendo que Dios inspiró a personas para escribir la Biblia, luego avanzar hacia la identificación de los autores que escribieron varios libros, y finalmente utilizar recursos de estudio bíblico para recopilar información sobre ellos.

RECITAR LOS LIBROS DE LA BIBLIA EN ORDEN

Los niños de jardín de infantes pueden entender que cada parte principal de la Biblia está dividida en partes más pequeñas llamadas libros. A lo largo de la escuela primaria, pueden comenzar a aprender los libros de la Biblia en orden. Para cuando lleguen a la preadolescencia podrán nombrar todos los libros en un corto período de tiempo.

NOMBRAR LAS DIVISIONES DE LA BIBLIA

Los niños pueden empezar a dominar los nombres de las diez divisiones del Antiguo y del Nuevo Testamento en la escuela primaria. Al llegar a la preadolescencia podrán nombrarlas en un corto período de tiempo.

UTILIZAR RECURSOS EXTRABÍBLICOS

Los niños en edad escolar pueden pasar de usar la página de contenido de la Biblia a otros recursos, como diccionarios bíblicos, comentarios, entre otros.

Enfoques de aprendizaje

¿Qué tipo de aprendiz eres tú?

APRENDIZAJE ESPACIAL-VISUAL

___ Con frecuencia veo imágenes visuales claras cuando cierro los ojos.
___ Me gustan los rompecabezas, los laberintos y otros juegos visuales.
___ Generalmente puedo orientarme en territorios desconocidos.
___ Puedo imaginar cómo se verá un mueble en una habitación.
___ Prefiero los materiales de lectura que tienen muchas ilustraciones.

APRENDIZAJE MUSICAL

___ Puedo advertir cuando una nota musical está desafinada.
___ Me encanta escuchar música.
___ Toco un instrumento musical.
___ A veces sin darme cuenta empiezo a cantar un comercial u otra melodía.
___ Invento canciones mientras trabajo, estudio o aprendo algo nuevo.

APRENDIZAJE LÓGICO-MATEMÁTICO

___ Puedo hacer cálculos mentales con facilidad.
___ Las matemáticas y las ciencias eran mis asignaturas favoritas en la escuela.
___ Me gustan los juegos que incluyen acertijos o requieren pensamiento lógico.
___ Me gusta realizar experimentos del tipo «qué pasaría si».
___ Mi mente busca patrones, regularidades o secuencias lógicas en las cosas.
___ Me gusta encontrar fallas lógicas en lo que la gente dice y hace en la casa y en el trabajo.
___ Me siento más cómodo cuando algo ya se midió, categorizó o analizó.

APRENDIZAJE LINGÜÍSTICO

___ Los libros son muy importantes para mí.
___ Puedo escuchar las palabras en mi cabeza antes de leerlas, hablarlas o escribirlas.
___ Aprendo más al escuchar la radio o un audiolibro que por la televisión o los videos.
___ Disfruto de juegos de palabras como Scrabble® o Password®.
___ Las asignaturas como inglés, estudios sociales e historia son más fáciles para mí que matemáticas y ciencias.
___ Cuando conduzco por una autopista, presto más atención a las palabras escritas en los carteles que al paisaje.
___ En mis conversaciones muchas veces hago referencias a cosas que he leído o escuchado.

APRENDIZAJE CORPORAL-CENESTÉSICO

___ Practico al menos un deporte o actividad física de forma regular.
___ Me resulta difícil estar quieto durante mucho rato.
___ Me gusta trabajar con las manos en actividades concretas como coser, tejer, tallar o trabajar la carpintería.
___ Se me ocurren las mejores ideas cuando estoy caminando, corriendo o haciendo alguna otra actividad física.
___ Es común que haga gestos con las manos u otras formas de lenguaje corporal mientras converso con alguien.
___ Necesito tocar las cosas para aprender más sobre ellas.
___ Para adquirir nuevas habilidades necesito practicarlas en vez de leer o ver videos sobre ellas.

APRENDIZAJE NATURALISTA

___ Me gusta pasar tiempo al aire libre.
___ Me gusta coleccionar objetos de la naturaleza.
___ Conozco los nombres científicos de muchas plantas y animales.
___ Para mí, relajarme es mirar un catálogo de semillas o trabajar en el jardín.
___ Mis pasatiempos preferidos son cuidar plantas o mascotas.

APRENDIZAJE INTERPERSONAL

___ Soy el tipo de persona a la que la gente acude para pedir consejo en el trabajo o en mi vecindario.
___ Cuando tengo un problema, lo más probable es que busque la ayuda de otra persona en vez de intentar resolverlo por mi cuenta.
___ Prefiero las actividades sociales, como los juegos en grupo, a las recreaciones solitarias.
___ Asumo de buena gana el reto de enseñar lo que sé hacer, ya sea a una persona o un grupo de personas.
___ Me gusta participar en actividades sociales relacionadas con mi trabajo, iglesia o comunidad.
___ Prefiero pasar la noche en una fiesta que quedarme solo en casa.

APRENDIZAJE INTRAPERSONAL

___ Con regularidad paso tiempo a solas meditando, reflexionando o pensando en preguntas importantes de la vida.
___ Tengo un pasatiempo o interés especial que guardo casi exclusivamente para mí.
___ Poseo una visión realista de mis fortalezas y debilidades.
___ Preferiría pasar un fin de semana solo en una cabaña en el bosque que en un complejo turístico lujoso y rodeado de gente.
___ Me considero una persona independiente y de voluntad firme.
___ Tengo un diario donde anoto los sucesos de mi vida.

Enseñanza acorde con el niño
RESUMEN

	ALTO	MEDIO	BAJO	PROMEDIO	BAJO	MEDIO	ALTO	
INTROVERTIDO	Es tranquilo y reservado. No pienses que no le importa la actividad si se sienta al fondo del salón.	Puede responder en voz alta, pero no le gusta improvisar. Dale tiempo para que procese la información.	Llámalo por su nombre cuando le hagas una pregunta. Quiere responder, pero solo si lo llamas directamente.	Pueden existir momentos y situaciones en los que sea más o menos introvertido o extrovertido. Considera cómo está organizada tu clase y determina si un enfoque diferente pudiera ser beneficioso.	Expresa libremente sus pensamientos con los demás. Asigna tiempo para debates en grupo.	Por lo general, habla mientras piensa. Redirige la conversación al tema principal, ya que puede desviarse fácilmente.	Se anima en grupos grandes. Puede perder interés en tareas individuales, pero destaca en el trabajo grupal.	EXTROVERTIDO
LÍDER	Puede dominar las actividades. Limita la cantidad de competencia en proyectos grupales y juegos.	Puede tomar el liderazgo en las conversaciones. Debes dar a otros niños la oportunidad de participar.	Crea un código o símbolo especial con él para que sepa cuándo está hablando demasiado. Los niños pequeños pasan por esta fase mientras aprenden a dar órdenes. No le prestes demasiada atención a este comportamiento mandón.	Es más probable que sea líder si realiza una actividad en la que es bueno y seguidor si no está familiarizado con ella.	Puede tener su opinión sobre una actividad, pero tiende a seguir el grupo. Observa los momentos en los que creas que desea hacer algo diferente a sus compañeros.	Puede buscar la amistad de un niño dominante. Asegúrate de que este amigo no lo manipule.	Puede parecer extrovertido, pero tiende a bloquearse cuando se le pide que lidere un grupo o trabaje de manera independiente. Desarrolla su confianza elogiando su capacidad para liderar o realizar un buen trabajo.	SEGUIDOR
CONOCEDOR	Puede dominar los juegos y las actividades de repaso. Pídele que deje que otros tengan la oportunidad de responder.	Puede que responda a cada pregunta con «respuestas de escuela dominical». Anímalo a aplicar las verdades bíblicas de manera práctica.	Conoce bien las normas de comportamiento en la iglesia, aunque quizás no tenga un profundo conocimiento espiritual. Es importante no avergonzar a un niño con frases como: «Deberías saber la respuesta, ¡siempre estás aquí!».	Puede asistir de manera intermitente debido a visitas monoparentales, actividades deportivas y conflictos de horarios, además de no priorizar. Enfatiza que cada vez que un niño viene a tu clase es una oportunidad para hablarle del amor de Cristo.	Puede ser tímido y cauteloso a la hora de participar. Asígnale un compañero moderado para que se sienta más cómodo.	Puede intentar responder las preguntas con respuestas ilógicas. No permitas que los demás se rían si la respuesta parece tonta. Ayúdalo a descubrir la respuesta correcta.	Puede tener problemas de comportamiento si no está familiarizado con las reglas y expectativas. Dedica un momento para dar a conocer al grupo las normas del aula.	DESINFORMADO
BUFÓN	Puede comportarse mal adrede para hacer reír a sus compañeros de clase. No reacciones de forma negativa ni positiva a este comportamiento.	Puede tender a burlarse de sí mismo. Anímalo cuando haga un buen trabajo.	Puede decir algo solo para hacer reír a la gente. Ayúdalo a entender cuándo tales respuestas son apropiadas.	Puede ser una mezcla saludable de ambas características. Los niños que no se toman a sí mismos demasiado en serio pueden ser amenos.	Le gusta cuando le piden que responda e intenta dar la respuesta que piensa te agradará. Ayúdalo a entender que está bien desarrollar sus propias ideas. Puedes pedirle que responda con algo que él haría o diría.	Puede molestarse cuando no reconoces su buen desempeño. No olvides reconocer a los niños que siempre tienen un comportamiento adecuado.	Puede ser bastante complaciente. Llega temprano, se queda hasta tarde y se ofrece para todo. Dale las gracias por su ayuda, pero invítalo a relajarse y a socializar con sus amigos.	COMPLACIENTE
AGRESOR	No le da miedo de golpear o molestar a otro niño en tu presencia. Saca al agresivo del escenario y discute sus acciones con sus padres si es necesario.	Puede ser intimidante con otros niños en la clase. Ayúdalo a entender cómo disculparse con los niños a quienes haya maltratado.	Puede que te hable de manera brusca y también a algunos niños en la clase. Recuérdale que debe ser respetuoso al hablar con toda persona.	Puede ser tanto víctima como acosador. Ayuda a los niños a evitar comportamientos de acoso en tu clase por medio de ejemplos de respeto mutuo.	Puede sentirse ansioso cuando está cerca de los niños que lo tienen por objetivo. Enséñale técnicas para que sepa manejar por sí mismo las situaciones de acoso.	Puede que le guste la iglesia pero no asiste a actividades especiales o reuniones menos estructuradas. Enséñale un método para que pueda avisarte discretamente si se siente amenazado.	Tiende a tener diferencias físicas, sociales, mentales o emocionales notables respecto a los demás en la clase. Está pendiente de él y ayúdalo, pero evita defenderlo a toda hora.	VÍCTIMA
CONFIADO	Se mueve con seguridad, es amigable y extrovertido. Recuerda prestarle atención, ya que, por su buena actitud y disposición, a veces puede pasar desapercibido.	Hace contacto visual y habla con claridad. Desarrolla esta confianza por medio de responsabilidades adicionales en la clase.	Entra con confianza al aula, sin depender de sus padres. Dale la bienvenida y ofrécele una actividad para que empiece.	Puede sentirse más seguro cuando asiste regularmente al mismo salón de clases con el mismo maestro. Evita, en lo posible, reestructurar las cosas constantemente.	Se demora en adaptarse a nuevos maestros y entornos. Trata de no cambiar la clase de lugar con demasiada frecuencia y coloca los muebles en sitios que le resulten familiares.	Puede ser en extremo callado y poco participativo. Pon a los alumnos a trabajar juntos en ciertos proyectos y así fomentarás nuevas amistades.	Necesita aprobación y elogios constantes. Puede parecer el favorito del maestro. Asegúrate de mostrar atención a todos los niños.	INSEGURO
PERFECCIONISTA	Puede ponerse triste cuando comete errores o no es el mejor. No seas crítico, él sabe bien cómo encontrar sus propias fallas.	Es posible que evite hacer ciertas tareas si cree que no puede cumplir exactamente con las instrucciones. Señala momentos en tu propia vida o enseñanza en los que hayas cometido errores.	Puede ser que comience las tareas de nuevo cada vez que comete un error. Anímalo a corregir su error sin empezar de nuevo.	Puede mostrar mucho interés en ocasiones y poco o ningún interés en otras. Varía tus métodos de enseñanza para que en una misma sesión hagas cosas que cada niño disfrute.	Es posible que le preocupe más lo que dicen sus amigos que realmente estar desinteresado. Motívalo a participar en actividades creando nuevos grupos o dándole la oportunidad de ser capitán de equipo.	Puede mostrarse distante, no sumido en sueños, sino absorto en otros pensamientos. Interactúa con él para saber qué lo distrae y sé consciente de que esto pudiera ser una nueva oportunidad de ministrarlo.	Puede quejarse de que las actividades son aburridas o comportarse de manera inapropiada para distraer a los demás. Pregúntale qué puedes hacer para hacer la clase más interesante e incorpora sus ideas.	DESINTERESADO
DISTRAÍDO	No parece concentrarse en nada y puede mostrarse hiperactivo en clase. Ten paciencia con él y planifica muchas actividades cortas para mantenerlo en movimiento.	Hace preguntas fuera de contexto en medio de la historia bíblica. Explícale que te encantará responder a su pregunta al final de la historia.	Puede abandonar o dejar a medias una tarea o actividad. Pregúntale por qué no quiso terminar y ofrécele ayuda para que la complete.	Completa las actividades a tiempo, pero podría aburrirse con tareas demasiado sencillas.	Ajusta el nivel de dificultad de las actividades en cada sesión. Asegúrate de incluir actividades que requieran cierto esfuerzo por parte de los niños.	Te escucha con extrema atención y puede molestarse cuando alguien lo distrae. Agradécele por estar atento y recuérdale que tenga paciencia con los otros niños.	No empezará otra actividad hasta que termine la actual. Avísale unos minutos antes de que termine para que sepa que debe finalizar su trabajo.	CONCENTRADO

COLOR

Sé creativo y usa el color con inteligencia en tu aula, los pasillos y el centro de bienvenida.

PASILLOS

Considera dedicar la mayor parte de tu tiempo y presupuesto a la decoración de los pasillos y el centro de bienvenida. Estos espacios son el primer punto de contacto con las familias.

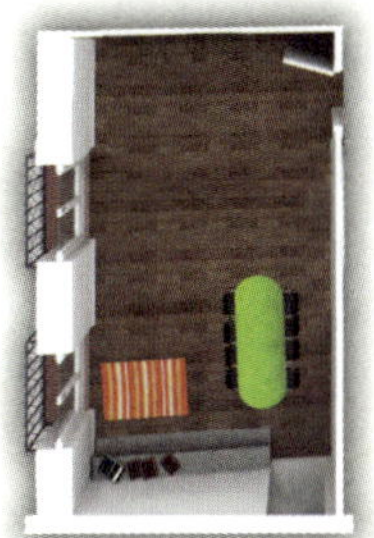

ESPACIO DEL AULA

No todas las aulas son iguales; así que sé creativo y descubre cómo utilizar de manera efectiva el espacio de tu aula.

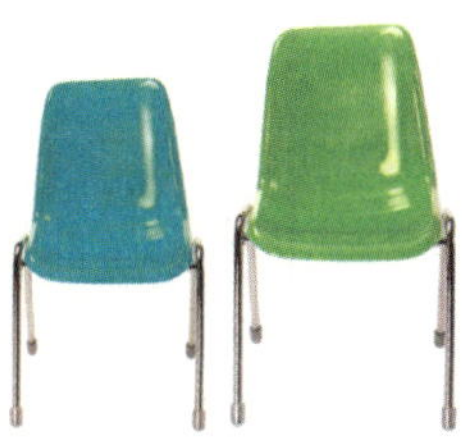

ENTORNO DEL AULA

La altura de las sillas y mesas, la temperatura y las normas de comportamiento adecuados son en extremo importantes para crear un buen entorno de aprendizaje según las diferentes edades.

Crear un entorno de aprendizaje

Resumen

DECORACIÓN DEL AULA

Decorar tu aula es una gran idea. Ten en cuenta que compartes el espacio y asegúrate de que las decoraciones sean adecuadas para la edad de los grupos que utilizan tu aula.

EL MAESTRO EN EL ENTORNO DE APRENDIZAJE

El maestro es esencial para crear un entorno de aprendizaje.

PREPARACIÓN DEL MAESTRO

Dedica la cantidad adecuada de tiempo a la planificación cada semana.

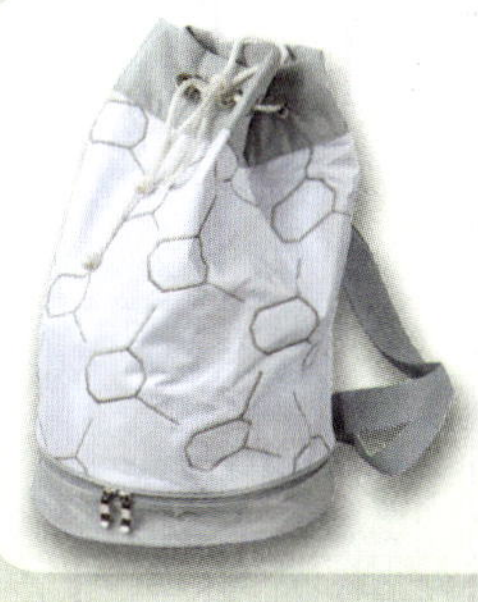

EL LÍDER PREPARADO

Un líder puede tener éxito en una clase que surge de improviso si prepara algunos elementos con anticipación y añade creatividad.

Obtén el máximo provecho de tus estudios.

Personaliza tu estudio bíblico con una guía y recursos adicionales.

¡Entender el desarrollo infantil ahora es mucho más fácil para líderes y padres! *Niños maravillosos* es un libro fácil de leer, lleno de ilustraciones y detalles divertidos sobre el aprendizaje infantil. El texto se actualizó recientemente con *Niveles de aprendizaje bíblico* y *Habilidades bíblicas para niños*, así que resulta un texto práctico para los padres y los voluntarios en el ministerio de niños.

Temas:

- Características de los niños (espirituales, sociales, emocionales, mentales, físicas).
- Información para niños en edad preescolar, niños menores y niños mayores.
- Diferencias en el aprendizaje entre niños y niñas.
- Impacto de los factores socioeconómicos en el aprendizaje.
- Estilos de aprendizaje y cómo influyen en el proceso educativo.
- Creación de un entorno propicio para el aprendizaje (relaciones, decoración del espacio y más).
- Manejo del comportamiento.
- Educación de alumnos con necesidades especiales.

Características del libro:

- Incluye *Niveles de aprendizaje bíblico* y *Habilidades bíblicas para niños.*
- Utiliza imágenes para facilitar la comprensión.
- Escrito en un lenguaje comprensible.
- Indexado para una fácil consulta.
- Ayuda tanto a padres como a maestros a comprender el desarrollo infantil.
- Ofrece pautas claras para el aprendizaje y el desarrollo de los niños.

Lifeway crea experiencias confiables que fortalecen el ministerio. Actualmente, los ministerios de Lifeway llegan a más de 160 países en todo el mundo. Para obtener más información sobre productos adicionales, visita lifeway.com/kids.

Biblistorias:

Un año de historias bíblicas para niños

Encontrar los recursos adecuados para enseñar la Biblia a los niños puede ser un reto, especialmente cuando buscas uno que incluya todos los materiales necesarios para que un maestro enseñe la Biblia a los niños de forma atractiva y enriquecedora durante todo un año. Cada uno de los 52 minicarteles destaca un relato único y está diseñado para exponerse fácilmente, lo que permite a los niños leer y reflexionar sobre la historia mientras disfrutan de la ilustración correspondiente en la otra página.

INCLUYE

- 52 historias bíblicas para niños
- Arte impactante y realista
- Historias bíblicas que incentivan el diálogo
- Empaque conveniente para guardarlo

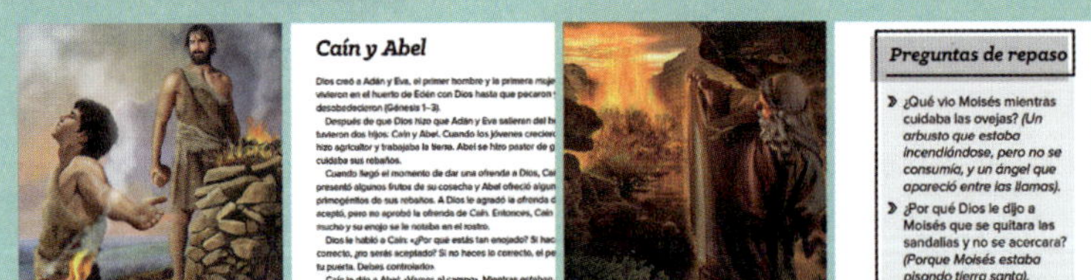

ISBN 9798384501480 • $18.99

ESTUDIOS BÍBLICOS PARA LA VIDA - NIÑOS

ESTUDIOS BÍBLICOS PARA LA VIDA
PARA NIÑOS

Estos estudios continuos de publicación trimestral, están diseñados con el propósito de proveer recursos entretenidos que construyan un fundamento bíblico en la vida de los niños y les enseñe a seguir a Cristo.

Aspectos importantes del ministerio y currículo:

El ministerio de niños debe ser bien estructurado con un fundamento bíblico que ayude a los niños a conocer de Dios y Su Palabra.

Transformación del corazón

Expandiendo el reino

Impactando al mundo

UN VOLUMEN NUEVO CADA TRES MESES

Volumen 1
Invierno
(Dic-Feb)

Volumen 2
Primavera
(Mar-May)

Volumen 3
Verano
(Jun-Ago)

Volumen 4
Otoño
(Sep-Dic)

PÁGINAS DE ACTIVIDADES

Preescolares • 840154543158 • $3.49
Niños menores • 840154543110 • $3.49
Niños mayores • 840154543127 • $3.49

MANUAL PARA EL LÍDER

Preescolares • 840154543141 • $8.49
Niños menores/mayores • 840154543103 • $8.49

Disponibles en formato digital

AYUDAS PARA LA ENSEÑANZA

Preescolares • 840154543134 • $28.99
Niños menores/mayores • 840154543097 • $28.99

www.estudiosbiblicosparalavida.com/ninos

Disponibles en inglés: www.biblestudiesforlife.com
Contáctanos: recursos@lifeway.com, 1-800-257-7744

¡Descarga una muestra gratis!

EBPLV